JN057998

池上 重輔 編著

マーケティング
実践
テキスト

基本技術からデジタルマーケティングまで

日本能率協会マネジメントセンター

はじめに：マーケティング初心者を実践者にするための最新の基本

さまざまな企業の幹部や現場から以下のような悩みを聞く機会が増えてきました。

- 真面目に技術を磨き製品開発をしてきたのに思うように売れない
- お客さんのニーズの変化が速すぎて、追いついてゆけない
- いろいろなお客さんがバラバラな要望をいうので、誰を狙って売ってゆけばよいのか悩ましい

こうした悩みに対応し、「顧客を創造」するのがマーケティングの役割です。マーケティングは会社のみではなく、非営利団体や個人にも有効であり、会社の中でもマーケティング担当者のみでなく経営者や内勤業務の人にも必要なものです。

しかし、その一方で「マーケティングは漠然としていてどのように行えばよいのか見えにくい」「次から次へと新たな手法やコンセプトが出てきて実際にどれを使うのかわからない」という声もよく耳にします。マーケティングの全体像を俯瞰し、その基軸となる考え方と進め方を理解することで、どのようにマーケティングを行えばよいのかがわかり、新たなコンセプトをどこにどのように当てはめてゆけばよいのかが把握しやすくなります。

本書はマーケティング担当部門と、経営者を含むマーケティング担当以外の人にも実践してもらえるマーケティング入門書として作成しました。はじめての方にもマーケティングの要諦と全体像をつかんでいただけるように構成しています。マーケティングの要諦は顧客起点ということであり、その基本は、①顧客にするべき対象を特定し、②利益が出るようにその顧客ニーズを満たし続けることです。マーケティングをうまく活用することで、組織をよい状態に保ちながら継続的な売上げ拡大、利益増加が可能になってきます。

時折、日本のマーケティングが遅れているせいで日本企業が低迷していると聞くことがあります。遅れているのだとすれば、それだけ伸びし

ろが大きく、改善余地があるとも考えられるでしょう。確かに日本の
マーケティングは転換期であり、マーケティングが強いと思われていた
有名な大手消費財企業が外資系企業から社長をヘッドハントして、戦略
とマーケティングを刷新して再度成長基調に乗せた事例もあります。一
方、マーケティングの要諦が顧客起点ならば、「日本企業は顧客第一主
義なのでわざわざマーケティングを学ばなくてもよい」という人もいま
す。

　しかし、**顧客起点とは"時にはその背景にまで踏み込んで顧客の視点
で考える"ことであり**、"顧客にいわれたことを最優先"する顧客第一
主義とは違うため、これからの日本企業はその違いを意識する必要があ
るでしょう。イノベーションもマーケティングがなくてはなかなかビジ
ネスに繋がりません。一見すると技術力があれば成功すると思われる産
業材分野ですら、技術イノベーションが必ずしもビッグビジネスに繋が
らない例が多々見受けられます。マーケティングが技術イノベーション
を大きな収益源にするかけ橋になるでしょう。

　さらに、マーケティングは時代に合わせて変化してきています。ゆえ
に本質的なマーケティングの考えかたとプロセスに加え、新たなマーケ
ティングも知っておく必要があるのです。本書はマーケティングの基本
的な考えと実行の全体プロセスを「**スパイラル・マーケティング**」とい
うコンセプトで紹介しています。マーケティングとは広告を出すことや、
市場調査をすること」だと考えがちな初心者の方もわかりやすいように、
マーケティングの全体像を可視化できるように解説していきます。

　マーケティングの全体像には立案段階での①市場機会の分析（環境分
析）、②市場の細分化と顧客の特定、③製品・価格・チャネル・プロモー
ションなどの組み合わせを考えることが含まれ、その後にはそのマーケ
ティング計画を実施・管理し調整することが必要となります。これらの
活動は一方通行ではなく、全体像の中で行ったり来たりしながら完成度
を高め、微調整されてゆきます。全体感をもって行き来をしながら調整
してゆくのがスパイラル・マーケティングです。

　マーケティングにはこのような基本的な考え方をベースとして、1980

年代には競争優位の概念が加わり、1990年代にはブランド資産という概念が強化され、2000年代にはIT，ネットの発達によりデジタルが重要となってきました。デジタル技術によって顧客へのリーチ（広い到達）と顧客とのコンタクトの深さが両立するようになり、過去には特定できなかった顧客をほぼリアルタイムで特定しインタラクティブにやり取りができ、それを社内外で共有できるようになりました。大きくとらえると、マスの顧客層を相手に機能的価値を訴求する製品中心のマーケティングから、セグメントされた顧客に対して機能的および情緒的価値を訴求する顧客中心のマーケティングに力点がシフトしてきたといえるでしょう。

マーケティングの泰斗であるコトラーは、「これからは機能的と情緒的な価値に加えて社会的な価値も含んだ段階へ進み、競合との競争から顧客との共創が重要になる」と主張しています。そうした背景の中で新たなマーケティングコンセプトが次々と出てきています。フリー・モデルやサブスクリプションなどもそうした一例でしょう。本書はそうした新たなコンセプトの中から本質的で今後継続的に活用されうると思われるものを厳選し、その新しい概念や手法をスパイラル・マーケティングの全体像の中に組み込んで解説しています。また本書全体も基本的なテーマ・知識から応用へと構成されており、個々のテーマも基本的な考えから応用的なものや、フリー・モデルやマーケティング・オートメーション等の新しい概念やテーマへと構成されています。

本書では実務家向けにマーケティングの基本を解説しますが、基礎的な知見が、実は最も応用力があるのです。著者チームは全員がビジネス経験を持ちながらアカデミックのトレーニングも受けたメンバーで、実践性と汎用性を持った本になっています。ビジネスはさまざまな要素がからむダイナミックな活動なので、基本的な考えとは相反するさまざまな言説が存在します。

本書は実務で当該分野を経験した執筆陣が、自分の経験にも照らし合わせて役立った経験のあるものを選んで書いています。マーケティング初心者の方は、本書で基本を学び、自分なりの軸を構築したうえでそれ

だけにとらわれず、継続的に柔軟な視点で新たなアプローチも学んでいただくことで対応できる幅が広がるでしょう。

　本書は読者の皆さんがさまざまな状況、用途で活用できるよう、スパイラル・マーケティングという基本軸の上に個別のテーマ・概念理解をそれぞれの事例で補助するという形をとっています。第1部の1章から7章まではスパイラル・マーケティングの基本的な考え方と流れ、STP、4Pなどの基本要素を説明しています。初学者の方は、この第1部をきっちりマスターするとよいでしょう。第2部の8章以降は個別のトピックを扱っており、13章はやや専門的に見えるかもしれませんが、実はこれからの基礎知識として知っておいていただきたい内容です。デジタルは、他のさまざまなマーケティング活動に影響を与えます。第14章では、これからのマーケティングについて述べています。マーケティングの本質と最新動向を多様な事例を活用して解説する本書によって、皆さんは新しいコンセプトの洪水に飲み込まれることなく、ゴールを意識しながら航海することができるようになるはずです。

　では、芳醇なマーケティングの海への第一歩を一緒に踏み出しましょう。

本書の構成

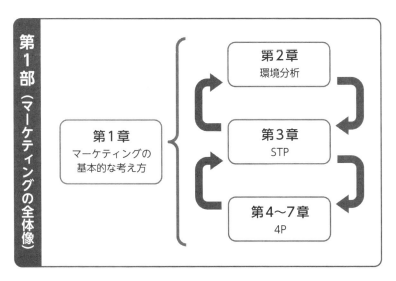

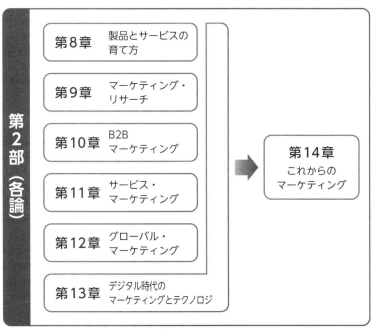

Contents

第 **2** 章 マーケティングの実践とスパイラル：マーケティング環境分析

第 **3** 章 対象とする顧客を選ぶ：セグメンテーション・ターゲティング・ポジショニング(STP)

第 4 章 マーケティング・ミックスの最適化①：製品

第 5 章 マーケティング・ミックスの最適化②：価格

第**8**章 製品とサービスの育て方：
ブランドと CRM

第**9**章 マーケティング・リサーチ

第13章 デジタル時代のマーケティングとテクノロジー

第14章 これからのマーケティング

実践付録

第 1 部

スパイラル・マーケティングの基本

第 **1** 章

マーケティングの
基本的な考え方

●マーケティングの本質1：マーケティングとは"儲かるように売れ続ける仕組み作り"であり、以下の3点をスパイラルに回し続けること＝マーケティングスパイラルが有効である。

　①顧客を理解し、その理解を社内に伝える→環境分析

　②対象とする顧客を選択する→STP（セグメンテーション・ターゲティング・ポジショニング）

　③企業の製品・サービスをお客さんに提供する接点を管理する

　　→4P（Product, Price, Place, Promotion：プロダクト、プライス、プレース、プロモーション）

●マーケティングの本質2：組織全体の能力もしくは哲学として顧客の視点を意識することが大事。その際顧客を広く定義しよう。

　①お金を支払う顧客

　②外部の顧客（例：人事部の採用対象者）

　③社内のサービス受け手

1 » マーケティングとは何か？：
なぜすべての人にマーケティングが必要なのか？

◆ マーケティングとは何か？

　マーケティングとは何でしょうか？　本書ではビジネス実務におけるマーケティングの定義を**"儲かるように売れ続ける仕組み作り"**としたいと思います（図表1-1）。売るための技術ではなく"売れ続ける仕組み"なのです。理想的にはお客さんを創造することです。ビジネスはお客さん（経営用語では顧客といいます）なしには成立しませんが、マーケティングは顧客と企業をつなぐのが役割です。どのように企業と顧客をつなぐかといえば主には以下の3点です：

　①顧客を理解し、その理解を社内に伝える→環境分析

図表 1-1　マーケティングの定義

本書	"儲かるように売れ続ける仕組み作り"	ビジネス的定義
全米マーケティング協会	"マーケティングとは、顧客、依頼人、パートナー、社会全体にとって価値のある提供物を創造・伝達・配達・交換するための活動であり、一連の制度、そしてプロセスである"（HP を翻訳）	社会的定義
ドラッカー	"マーケティングの目的はセリング（営業）を不要にすることである。…（中略）…理想を言えば、マーケティングは製品なりサービスを買おうと思う顧客を創造するものであるべきだ"（ドラッカー『断絶の時代』ダイヤモンド社より）	理想と目的

②対象とする顧客を選択する→STP（セグメンテーション・ターゲティング・ポジショニング）

③企業の製品・サービスをお客さんに提供する接点を管理する→ 4P（Product, Price, Place, Promotion：プロダクト、プライス、プレース、プロモーション）

"こんなことを解決できないか"とか、"こんなものがあれば買いたいな"と考えているお客さんがどこかにいても、それに企業が気づかなくては製品やサービスにはなりません。逆に、組織内に素晴らしい資産やネタがあっても、それを評価してくれるお客さんがいなくてはビジネスになりません。そこで環境分析が必要になります。また、実際に製品を作ってみても、お客さんの要望よりも性能が低い、値段が高すぎる、対象となるお客さんにそのよさが認知されない、お客さんが買いたいと思っても手に入りにくい等のミスマッチがあれば売れません。顧客に買ってもらうためには、顧客を理解し、顧客が価値を認めるように製品・

コラム 1

製品と商品

　製品と商品は似たような概念ですが、いくつかの定義があります。「製品」は原材料を加工して製造された品物を意味し、「商品」は売買の目的物としての品物を意味するという定義の仕方があります。その場合「製品」は、「商品」に含まれると考えます。例えば、「じゃがいも」のように「製造されないもの」は「商品」ですが、「製品」には含まれません。一方で、売り物として扱われる前か後かで区分けする定義もあります。売り物になる前が製品、売り物として扱わると商品です。商品は技術の粋を凝らして作られたけども販売されない時計は製品ですが商品ではありません。一方会計上の定義では商品は「販売するために仕入れた完成品」であり、製品は「販売することを目的として自社で製造した物」です。サービスは、物質として形がない「製品」または「商品」です。このように製品と商品の定義は多様で、どちらがより包括的かという合意もありません。本書では製品と商品をほぼ同義として扱っています。実際には厳密に使い分けないことも多く、特に説明がない限りは、商品・製品の違いを気にせずに読んでももらって結構です。

サービスを提供するように組織全体を働かせなくてはなりません。そこでSTPと4Pが必要になります。マーケティングはこうした一連の動きを司るのです。

◆ 継続するプロセス

　また、一旦ヒット商品を出した会社が、その後すぐに売れなくなって調子が悪くなる例も散見されます。これは、時が経つにつれて競争相手が出てきたり、顧客が飽きたり嗜好が変わったり、自社の状況も変化し

たりするからです。顧客を理解することや、顧客が価値を認めるように製品・サービスを提供できるように組織に**働きかけ続ける**必要があるのです。ゆえにマーケティングは"売れ続ける仕組み"作りなのです。マーケティングはこうした継続的なプロセスなので、本書では全編を通じて"スパイラル（循環）・マーケティング"という考え方を使っています。

◆ 組織全体の考え方と行動としてのマーケティング

こうして見てくると、マーケティングはマーケティング担当者や、マーケティング部門だけで行うことではなく、組織全体で行うものであるということがわかってきたのではないでしょうか。マーケティングを継続的に行うには、経営者を含めた組織のすべての人が顧客を理解しようとするとともに、顧客に価値を認めてもらうにはどうすればよいかを意識することが必要なのです。

2»» "儲かるように売れ続ける"とは：売上と利益を上げる方法の構造

◆ 企業業績は売上と利益による

マーケティングが"儲かるように売れ続ける"ことを目的にするということは、"**売上**"と"**利益**"の2つの側面が必要になります。売上を上げることと利益を上げることの2つは、企業の業績を上げる主要素ですね。売上と利益は、基本的には両立させるべきものなのですが、どちらに力点をおくかを決めなくてはならない時もあります。ここではそれぞれの構成要素を把握しておきましょう（図表1-2）。

◆ 企業のパフォーマンスをあげる2つの方法

売上を上げる方法は、市場自体を広げるか、その市場内でのシェアを伸ばすかの2つの方法があります。市場自体を拡張するには、現時点

では取りこめていない非顧客を取り込む、既存顧客の使用率や使用頻度を上げるかの2つの方法があります。市場規模が一定の場合にシェアを伸ばすには競争相手に勝つか、競合を買収するかの2つの方法があります。多くの企業は競争に勝つことに注力する場合が多いのですが、本当にその方向性でよいのか、時折立ち止まって再考するべきでしょう。

収益性を上げる方法は、価格を上げるか、コストを下げるか、投資を控えるかの3種類があります。コストを下げるには主に収益性の高い商品に絞る、固定費・変動費を下げるなどの方法があります。

これらの選択肢の多くはマーケティングで対応可能なものです。競合を買収するというのは企業戦略で意思決定すべきものなのですが、マーケティングはその企業戦略の意思決定に必要な材料を提供するのです。コストを下げることは経営戦略とオペレーションで対応しますが、そのコストを下げた結果をマーケティング面から検証する必要があります。

また、これらの選択肢はかならずしもどちらかを選択しなくてはいけないわけではないのですが、何を主目的にしているかを明確にしておいたほうが、戦略の精度が高まり、上手くいかないときの軌道修正もしやすくなります。

3» 組織におけるマーケティング：全社的な組織能力として

◆ "顧客の視点で考える" ことはすべての組織に必要

組織の中にはマーケティング戦略を専門に行う部門やマーケターのような専門家も必要ですが、組織の全ての階層と部門もマーケティング思考を持つ必要があります。マーケティング思考というのは単に顧客指向ということではなく、マーケティングにおける循環（スパイラル）を回せるような考え方ができるということと、**"顧客の視点"** で自分の業務を常に考えることです（図表1-3）。

図表 1-2　売上と利益を上げる方法

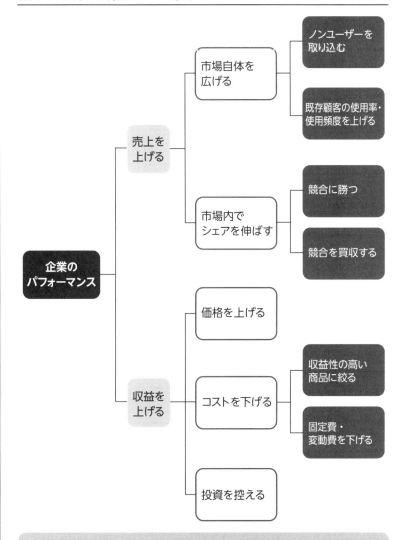

売上と利益の構造を踏まえて戦術を考える

例えば、既存顧客の使用頻度・ボリュームを上げる方法として"習慣の定着化"を考える→昔は週に1-2回だったシャンプーを毎日するものと啓蒙し、さらに"朝シャンキャンペーン"により、シャンプー使用量は倍増

◆ 顧客を広く定義する

"顧客の視点"で考える際には、顧客を広く定義することを意識しましょう。企業経営における通常の顧客とは、お金を出して自社の製品・サービスを買ってくれる人です。本書は主には"お金を出す顧客"に関して深く見ていくわけですが、全社的な組織能力としてマーケティング思考を持つことを考える際には、お金を払って購入する社外の顧客に加えて、自分・自部門が提供するモノ・サービスを受ける全ての人を顧客として認識します。

これには社外と社内の2つの可能性があります。社外の例でいえば、人材採用広告を出すときの人事部にとっては、人材募集に応募する可能性のある人々、応募してくる人々が顧客として定義づけられるでしょう。マーケティング思考は人事部にも必要なのです。これに関しては後段のコラム(159頁)でも説明します。また、社内顧客という概念もあります。社内の間接部門などの顧客に直接触れることの無い部門は、社内で自部門のサービスを受ける部門・人々が顧客となり、その先にいる外部の顧客を意識することで動き方も変わってくるでしょう。

◆ 経営層のマーケティング思考

消費者向け、法人向けのどちらにおいても経営層がマーケティング思考を持つことは必須です。昨今の経営者は戦略、財務、地政学、イノベーション、技術動向、コーポレート・ガバナンス等のさまざまな知見が要求されるのでなかなか大変ではありますが、ビジネスの要諦は**"顧客の創造"**であることを考えると、経営層にはやはりマーケティング思考が求められてくるのです。

4 ›› 顧客の視点で考える：ニーズは本質的か？

"顧客の視点"がマーケティングのカギ、と前項で書きましたが、「誰

図表 1-3 組織におけるマーケティングの役割

1) 部門とマーケター

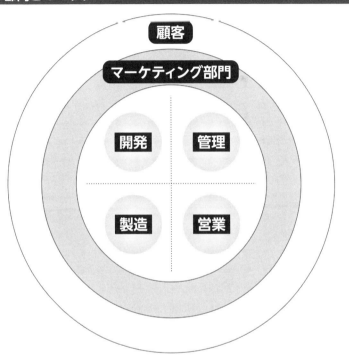

マーケティング部門とマーケター

顧客のニーズ・ウォンツ*を把握し、
それらを素早く適切に社内全部門に伝える。
そのためには、社内の各部門が
マーケティング思考をもつことが重要！

2) 組織全体の能力もしくは哲学として顧客の視点を意識する

・その際顧客を広く定義する：
　1. お金を支払う顧客
　2. 外部の顧客（例：人事部の採用対象者）
　3. 社内のサービス受け手

*本により、ニーズとウォンツの扱いが違う場合があるが、本書ではほぼ同様のものと位置づけている。

が顧客か」を特定する際には、その顧客のニーズを的確に把握することが重要です。読者の皆さんは「何を当たり前のことを……」「顕在化しているニーズは間違いようがないじゃないか」と思われるかもしれませんが、適切なニーズの把握はそう簡単ではありません。

◆ ドリルが欲しいのか、穴が欲しいのか？

　セオドア・レビットというマーケティングの大家が1969年の本で紹介したドリルの話は有名です。3分の1インチ径のドリルが消費者市場で売れたとき、消費者は何を欲しいと思っているでしょうか？　「ドリルが欲しいからドリルを買ったに決まっているじゃないか」と考えてよいのでしょうか？

　そのドリルを買った消費者は、そのドリル自体が愛おしくて居間に飾りたいと思っているのでしょうか？　**ドリルを買ったほとんどの消費者が欲していたのは、ドリル自体ではなく、そのドリルが開ける"3分の1インチの穴"なのです。**ドリル自体はその穴を開け終わった後には「置き場所に困る邪魔者」であることが多いのですが、ほとんどの企業は消費者が買ったのはドリルなのだから、消費者が欲しいのはドリルだ、と思い込んでビジネスを進めています。お客さんにもっと気に入ってもらい、競争相手に勝つために、企業はドリルの性能をどんどん改良します。より高速で回転するモーターを開発したり、そのドリルをより安価に作れるよう最新式の組み立てラインに投資したりするかもしれません。これらの企業努力は、ドリル以外に3分の1インチの穴を開ける画期的な方法が出てきたとたんに水泡に帰してしまいかねないのです。

　日々のビジネスの中で製品主体（ドリル）でニーズを認識してしまい、顧客の本当のニーズ（簡便に穴をあけたい等）を注視できない例は少なくありません。製品・手段のみに目を奪われるのではなく、消費者が「その製品を使って何をしたいと思っているのか」「どんな便益を得たいと思っているのか」を強く意識することが顧客ニーズを的確に把握するポイントです（図表1-4）。このニーズは**"人の欲望の本質に立脚しているか"**と問いかけることを忘れないようにしましょう。

図表 1-4　ドリルとレストラン

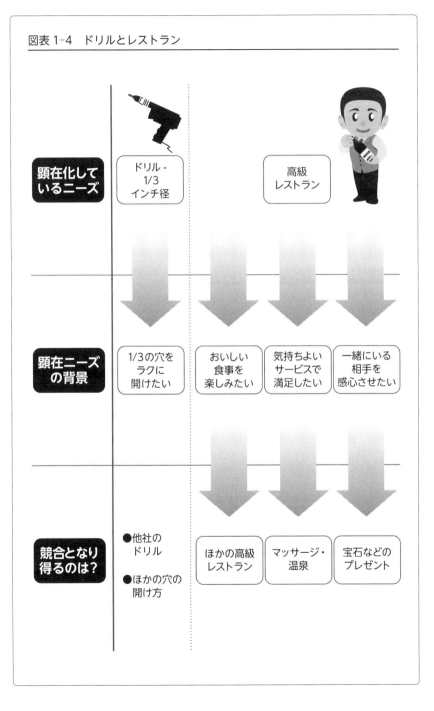

お客さんに「何を求めているのですか？」と聞いてすぐに帰ってきた答えが本当のニーズではない場合もあります。顧客が自分自身でも把握していない、うまく言葉にできない、今はいいたくないなどの場合もあるのです。まだ世にない製品・サービスの場合は仮説やプロトタイプを見せて意見を求めることで、顧客が自分のニーズを言語化できることもあります。その際にはデザイン思考のアプローチは役に立ちます。

5 »» マーケティング戦略はスパイラルで考える

マーケティング戦略を実際に策定するプロセスはどうなっているのでしょうか？ 基本的には、①自社をとりまく市場を知る（**環境分析**）、②狙うべき顧客を選定する（**STP**）、③最適な顧客接点の打ち手の組み合わせを考える（**4P**）、という3つのプロセスを**スパイラル**（**発展循環**）して作っていきます。

◆ プロセス①マーケティング環境分析：KBFの発見

環境分析には、業界（競合・パートナー等）、顧客、自社等が含まれます。ただ漫然と事実を調べて羅列するのではなく、自社にとっての機会や、脅威がどこにあるかを発見するという意識を持ちながら環境要因を抽出していくのです。その際、現在の状況だけではなく、将来環境を予測することもトライしてみましょう。特に、顧客分析の初期段階では、思い込みを捨ててどのようなニーズ（こんなことを解決してほしい、こんなことができるとよいな）があるかを観察することを意識しましょう。環境分析を重ねて、初期の漠然としたニーズから**KBF**（KEY BUYING FACTOR：製品・サービスに反映可能な購入理由）を抽出していきます。

◆ プロセス②ターゲット市場の選定：自社が狙う顧客の選択

環境分析で得られた情報を元に自社にとって一番魅力的な市場分野と顧客を探し出し、狙いをつけます。この**セグメンテーション、ターゲティ**

ング、ポジショニングは一連のプロセスであり、特にセグメンテーションとターゲティングはセットで何度も試行錯誤が必要になります。セグメンテーションとは市場をさまざまな切り口（多くの場合は共通のニーズ）で切り分ける作業であり、ターゲティングはその切り分けられた市場の中で自社のターゲット（標的）市場を選定する作業なので、市場を細分化（セグメンテーション）する時点で、ある程度自社のターゲットをどこにしたいかを考えながら細分化している場合が多いからです。ターゲット市場を見極めたら、その顧客に対して自社がいかに競争相手に比べて優れていると認識してもらうか（ポジショニング）を考えます。この３つのプロセスの頭文字をとって **STP** といいます。

♦ プロセス③マーケティング・ミックスの最適化（4P）

マーケティング・ミックスは **Product（製品）**、**Price（価格）**、**Place（チャネル）**、**Promotion（プロモーション）** という主要な顧客との接点である **4P** の組み合わせです。マーケティング・ミックスはセグメンテーションとターゲティングで特定した目標市場と、ポジショニングで策定した自社の魅力の伝え方を意識しながら、具体的にどんな製品を、どのような価格で、どのようなチャネル（流通経路）で、どのようなプロモーション（コミュニケーション）手段で伝えてゆくかの組み合わせ（ミックス）を考えるプロセスです。マーケティングというと、この 4P が取り上げられることが多いのですが、それはこの 4P が企業と顧客の直接の接点となることが多いからです。**大事なのは、環境分析で抽出した要点や、STP とこのマーケティング・ミックスが整合していること。そしてこのマーケティング・ミックス内の各要素が整合していることです。**

♦ マーケティング戦略策定のスパイラルプロセス

全プロセスを通じて最も重要なのは、このプロセスが一方通行ではなく、あるプロセスにおいて整合性の取れない点や、新たな示唆が得られたら、その前のプロセスに立ち戻り修正をして次に進むことです。 このプロセスは、行ったり来たりを繰り返しスパイラル（発展循環）して作っ

ていくのです（図表1-5）。**もう１つ重要なのは極力最初の時点からこのプロセスの全体像を俯瞰して作っておくことです**。最初の全体像は完成度が低くて穴だらけでもかまいません。なんども全体像をスパイラルプロセスで修正しながら、徐々に全体の完成度を高めていくことで、結果的には実践的で効果のあるマーケティング戦略を考えることができます。マーケティング戦略を上手に策定するコツは図表1-6のように全体像を何度も行き来するスパイラルプロセスにあるのです。

いったん策定したマーケティング戦略は実際に市場に出したあとも、市場からのフィードバックを受けて必要に応じて修正します。その際にも、環境分析などの前提も確認しつつスパイラルプロセスを一巡することで整合性のある戦略修正が可能になるのです。

こうした行ったり来たりのプロセスを面倒だと思うかもしれませんが、スパイラルプロセスが必要なのにはいくつかの理由があるのです。

①**製品開発をすり合わせる必要性**

製品開発にはニーズ主導型（お客さんの声に合わせて）とシーズ主導型（企業の技術等の資産・能力から）があり、特にシーズ型の場合には顧客・市場との頻繁なキャッチボールがないとニーズとかけ離れた製品になりがちです。

②**顧客のニーズの自覚**

ニーズ主導型の製品開発でも、お客さんが自分自身のニーズを必ずしも明確に認知していない、もしくは認知していても言葉にして表出できていない場合もあります。具体的な商品イメージを提示されることで、顕在（表に出ている）ニーズがより明確になり、潜在（まだ表にでていない）ニーズが顕在化することもあります。

③**製品の多義性による予想外の反応**

製品はもともと多様な意味を持つので、顧客が企業も想定していない意味を見出す場合があり、上市（市場で販売開始）以降もスパイラルに顧客の反応を拾うことで新たなチャンスにつながります。

④**時代の変化に気づく：市場の変化に敏感に反応**

デジタル技術の進化により、大量に個々の顧客の実態を補足してやり

図表 1-5 マーケティングスパイラル

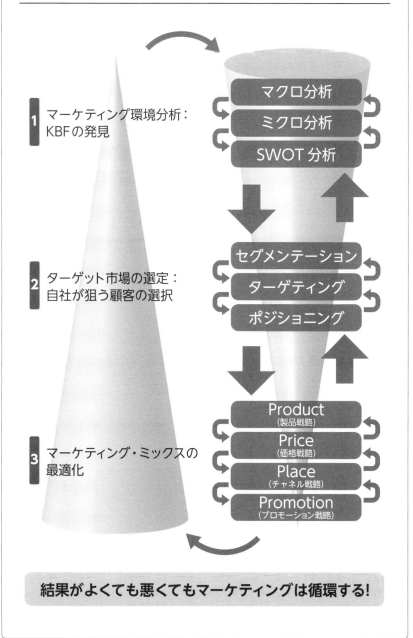

1 マーケティング環境分析：
KBFの発見

マクロ分析
ミクロ分析
SWOT 分析

2 ターゲット市場の選定：
自社が狙う顧客の選択

セグメンテーション
ターゲティング
ポジショニング

3 マーケティング・ミックスの
最適化

Product
（製品戦略）
Price
（価格戦略）
Place
（チャネル戦略）
Promotion
（プロモーション戦略）

結果がよくても悪くてもマーケティングは循環する！

取りすることが可能になってきました。デジタル化を含むさまざまな要素により過去の成功要因が陳腐化する速度は速くなったので、常に市場とスパイラルに対話し続ける必要があります。

　これらは消費者向けビジネスのみでなく、法人向けビジネスでもいえることです。

6 >> 戦略とマーケティング

　ところで、経営戦略とマーケティングがどのような関係にあるのかという質問をよく受けます。**戦略が企業の方向性（WHAT）を定義づけるものとすれば、マーケティングはその方向性をいかに実行するか（HOW）を提供するツール**です。しかしマーケティングは非常に強力なツールなので、しばしば戦略の WHAT にも影響を与えます。

◆ 経営戦略は企業の進むべき方向を示す

　戦略の最も簡単な定義は"目標を達成する施策の組み合わせ"です（図表1-7）。企業の目標は企業価値の最大化（中長期的に利益を出せるようにすること）である場合が多いので、企業の戦略とは"想定される事業機会に対する資源配分の意思決定"と定義づけられるでしょう。

　一方マーケティング思考の定義は先のページで見たように"顧客の視点で自分の活動を捉えること"であり、企業におけるマーケティングとは"顧客のニーズを適切に満たすことで、利益が出るように売れ続ける仕組みを構築すること"です。お客さんの視点から企業戦略をささえることがマーケティングの役割といってもよいでしょう。

◆ 戦略におけるポジショニングは自社の勝ち方

　戦略とマーケティングの間で似たような言葉が使われることもこの2つを混同させる原因です。その代表例は**"ポジショニング"**でしょう。

図表 1-6　スパイラルの例

1st スパイラル ➡ **2**nd スパイラル ➡ **3**rd スパイラル

まだ不明部分も多い。
アイディア段階でも全体像を

多少競合状況や自社の
位置づけがわかってきた

具体的なマーケティング・
ミックスが詰まりはじめた

環境分析

1st	2nd	3rd
●自社は高品質の革製品を作ることができる ●最近子供にお金をかける傾向 ●親子のペアが流行っている ●競合状況はわからない	●自社の革製品はステーショナリー用にしては相当高めだった ●消費は相当二極化している ●既にちょっと高めの子供向けの革製ステーショナリーは存在	●私立一貫校がステータス化している ●お母さん層のクチコミネットワークが発達 ●富裕層は祖父母も含めて月十数万円以上を子供消費に使う ●こうしたグッズをメインに語るSNSが存在し、情報交換がなされている

STP

1st	2nd	3rd
●親子がペアで持てる、ちょっとリッチな革製ステーショナリー ●ターゲット層はまだ具体的にわからない	●親子がペアで持てる最高級の革製ステーショナリー ●まずはハイエンドブランドイメージを作る	●上位10％程度の余裕層をターゲット ●世界に1つのオーダーメイド最高級革製ステーショナリーを親子ペアで

マーケティング・ミックス

1st	2nd	3rd
●本物志向の製品 ●価格は汎用品よりやや高め。1個2000〜3000円程度 ●チャネルやプロモーション案はまだない	●最高級品の革を手作りで ●価格は汎用品の倍以上 ●チャネルは高級感・エクスクルーシブを演出できるものを ●当初は大々的な広告はしない	●すべて個別受注。革の種類も10種類から選択 ●1セット3〜5万円 ●1店舗のみの直販。小さいが高級な店を銀座に ●私立一貫校の低学年の親を中心にクチコミとクローズドなSNAのみでプロモーション。あえてウェブサイトは作らない

➡ **「ではどうやってクチコミを広げるか」
などを考えながら次のスパイラルへ**

富裕層向け親子ペアオーダーメイドサービスを上市してしばらくすると、これを一緒に作ってみたいというお客さんが出てきて、工房を使って製作ワークショップも開催。より愛着のある製品ができた

戦略でもマーケティングでもポジショニングという言葉が出てきます。戦略でポジショニングという場合には競争上の位置づけをさします。戦略論で最も有名なのは**マイケル・ポーター**の戦略論で、時にポジショニング戦略ともよばれるものですが、**この戦略論では、企業はコストリーダーシップ戦略か、差別化戦略か、集中戦略のいずれかの競争上のポジションをとるべきであるといっています。一方マーケティングでいうポジショニングとは顧客に自社（もしくは自社製品）をどのように認知してもらうかを意味しています。**この競争上のポジションと、マーケティングでのポジショニングである顧客への認知がある程度、整合している必要があります。例えば、業界最安値ポジションとして認知される企業が、その裏づけとしてコストリーダーシップ戦略をとる場合です。ヤマダ電機などがそれにあたるのかもしれません。

　他にもさまざまな言葉が出てきますが、極力その定義は何かを確認し、よく意味のわからない言葉を安易に乱用しないようしましょう。

図表 1-7　戦略とマーケティング

1) 定義

●**戦略とは**
・WHAT
・目標を達成する施策の組み合わせ

●**企業における戦略とは**
・企業価値を最大化する（利益を出し続ける）ために、競争優位性を構築し続けること。具体的には想定される事業機会に対する資源配分の意思決定

●**マーケティングとは**
・HOW
・顧客の視点で自分の活動を捉えること

●**企業におけるマーケティングとは**
・顧客のニーズを適切に満たすことで、利益が出るように売れ続けるしくみを作ること

2) ポジショニングという言葉の位置づけ

●**経営戦略では**
・競争上の位置づけ（コストリーダーシップや差別化で勝つ）

●**マーケティングでは**
・顧客にどのように認知してもらうか

7 » デジタル時代のマーケティング

　デジタルマーケティングという言葉を耳にすることが多くなりました。「デジタルな」「マーケティング」というと、Web 上で行われるマーケティング施策のような Promotion（販促）の一部の要素と捉えられがちですが、実際にはデジタル化はマーケティング活動全体に影響する「マーケティングのデジタル化」をもたらしています。第 13 章で技術動向も含め詳しく述べますが、ここではデジタル化がどのような消費者の環境変化を生んでいるかという観点から、マーケティング活動全体がどのように発展しているかを紹介します。

◆ デジタル化による消費者購買行動の変化

　デジタル化は、消費者のデバイス（端末）環境を変え、いつでも情報にアクセスできる環境を実現しました。これまでは、メーカー側が（選択した）情報を発信する媒体を選択し、消費者はこれにあわせて情報を受け取っていました。今では、消費者が興味をもった時に情報を収集する環境が整ったため、消費者が情報収集のイニシアティブをとる立場になりました。また消費者のデバイス環境が整ったことにより、メーカーが発信するだけではなく、消費者も容易に情報発信を行うことが可能となったため、媒体の種類も量も増大し、これにより、企業による情報コントロールは不完全な状態になってきました。

　このような環境変化は、消費者の購買意思決定プロセスにも変化を生みました。これまで消費者は、一般的に製品を知ってからそれを購入するまでに、第 7 章のプロモーションで説明する **AIDMA** の「注目→興味→欲求→記憶→行動（第 7 章 138 頁参照）」といった 5 段階の心理状態をたどると考えられてきました。しかしこうした消費者の購買意思決定プロセスも、インターネットやスマートフォン等のモバイル端末の普及に伴って変容しました。例えばある商品に興味を持ち、購買意思を形成しても、実際に購入できる店へ行くまで記憶する必要がありましたが、

代表的な変化として、AIDMA モデルで提唱された、"欲求"、"記憶" が、ほぼ同時に起こるためプロセスを経なくなり、代わりに、これも7章で説明する消費者が能動的に情報を収集する「検索」（S：Search）と、購入（A）後、その体験を周りに「共有する」（S：Share）プロセスが、加わり（**AISAS** モデル：第7章140頁参照）がでてきました。消費者が**インターネット**上で情報収集することで購入の意思を持ち、購買・使用体験を共有することで製品に関する情報が、さらに流通していくという行動変化を表す「検索」と「共有」のSが加わったのが大きな特徴です。広告や周囲の共有した情報から興味をもった製品・サービスを、モバイルで検索し、EC サイトや、レビューサイト、SNS などから情報を得ることにより購買の意思を固める、また購買した結果を、SNS などで共有・発信する、というサイクルを繰り返すことにより、さらに他の購買意思を形成します。デジタル化がもたらしたこのような情報量の加速的な増大とモバイル端末の普及により、いつでもどこでも情報収集ができる時代であることを念頭に置いて、企業はマーケティング戦略を構築する必要が出てきました。

◆ デジタルマーケティングからマーケティングのデジタル化へ

マーケティングのあらゆる側面に、デジタル化の要素が加わり、より包括的に「マーケティングのデジタル化」が求められるようになってきました（図表1-8）。

デジタル化によって膨大に増大した顧客接点を通じて消費者の行動情報が豊富に取れるようになり、戦略立案だけに限らず、市場環境分析の方法や、ターゲット市場の定義の仕方も、影響を受けています。

マーケティング・ミックス（4P） の中においても、例えば、Product においては、製品・サービスにネット接続機能を持たせる IoT（モノのインターネット化）等で、購入後の使用段階における顧客便益の向上をもたらしたり、次の製品開発のための改善課題の発見につなげたりと、デジタル化がもたらす製品設計上の可能性は大きく広がっています。

デジタル化によって多様なプライシングも可能になり、プライシング

でマーケティングモデル全体を差別化するサービスも多く登場するようになりました。原則無料で一部のコンテンツのみ課金するフリーミアムや一定額で利用が可能なサブスクリプションモデルなどがその代表例です。また、決済そのものがモバイル決済によりキャッシュレス化したことにより、クーポンやポイント付与などの販促活動との連動が容易になってきています。

　プロモーションや流通においては、EC とリアル店舗との組み合わせにより新たな顧客体験を提供する例も増えてきました。店内でのスマホ

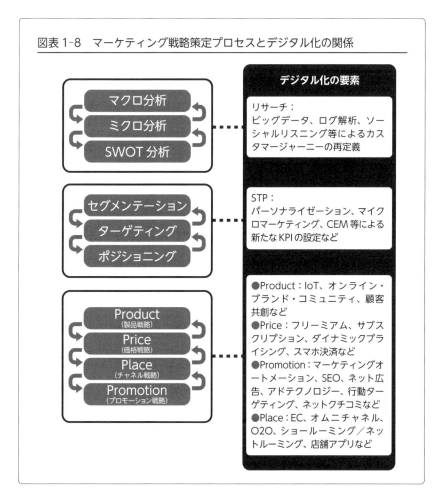

図表 1-8　マーケティング戦略策定プロセスとデジタル化の関係

マクロ分析
ミクロ分析
SWOT 分析

セグメンテーション
ターゲティング
ポジショニング

Product（製品戦略）
Price（価格戦略）
Place（チャネル戦略）
Promotion（プロモーション戦略）

デジタル化の要素

リサーチ：
ビッグデータ、ログ解析、ソーシャルリスニング等によるカスタマージャーニーの再定義

STP：
パーソナライゼーション、マイクロマーケティング、CEM 等による新たな KPI の設定など

●Product：IoT、オンライン・ブランド・コミュニティ、顧客共創など
●Price：フリーミアム、サブスクリプション、ダイナミックプライシング、スマホ決済など
●Promotion：マーケティングオートメーション、SEO、ネット広告、アドテクノロジー、行動ターゲティング、ネットクチコミなど
●Place：EC、オムニチャネル、O2O、ショールーミング／ネットルーミング、店舗アプリなど

決済が店舗での購買体験の向上につながることは勿論ですが、店舗で情報収集をした後ECで購入するショールーミングや、反対にネットで情報収集した後、店舗で購入するネットルーミングなど、ECと店舗の関係も多様化しています。

　デジタル化はさまざまな利点と同時に、リスクももたらします。さまざまなものがデジタルにつながることによりセキュリティ上の問題がより複雑になりそれに伴う管理もしやすくもなります。デジタルセキュリティの専門性を高めるだけでなく組織的な意識を高めつつ、マーケティングのデジタル化を進めましょう。

コラム 2
パレートの法則とライトユーザー

　ブランドの売り上げの80％は購買頻度の上位20％のヘビーユーザーが占めるという**パレートの法則**を一度は聞いたことがあるかもしれません。ヘビーユーザーに集中投資をする根拠にもなり、ビジネスの効率を考えると重要な概念です。

　2007年に発表された米国の数十の日用品ブランドの調査では上位20％のヘビーユーザーの1年間の売り上げに占める割合は実際には50％程度だったそうです。製品分野や状況によってヘビーユーザーの割合は違う可能性があり、ライトユーザーの重要性がより大きい場合があります。また、デジタルの発展によりいわゆるロングテールといわれるめったに購入しないようなライトユーザーに、以前より低いコストでアクセスすることもやり方によっては可能になってきました。ヘビーユーザー重視か、ライトユーザーにも網を広げるのかという意思決定は思い込みだけではなく、客観的な環境情報も勘案して決める必要があります。

第 **2** 章

マーケティングの実践とスパイラル：マーケティング環境分析

●環境分析の基本ツールはマクロに見るPEST、業界を見る5フォーシズ、競争優位性を明確にする3C等がある。

● PEST は政治・経済・社会・技術の４つのマクロ要素を満遍なく確認するチェックリストである。

● 5フォーシズは価格に影響する業界内競争、買い手の力、売り手の力、新規参入、代替品の力と、コストに影響する売り手の力を包括的に確認することで業界の利益構造を把握するフレームワークである。

● 3C は顧客、競争、自社の３視点から事業を考察することでどこに競争優位性があるかを抽出するフレームワークである。

● SWOT は上記のさまざまな分析から出てきた多様な情報を社内要素・社外要素、自社にとってプラスかマイナスかの視点で仕訳けるフレームワークである。

1 ›› 環境分析でチャンスとリスクを見つける

◆ 環境分析で事実確認とその意味づけ

　環境分析とは、自社の「強みと弱み」、また自社にとっての「機会と脅威」がどこにあるかを明らかにするために、自社を取り巻く環境を分析することです。

　環境分析をする際には、有効性がビジネス実践者で確かめられているフレームワーク（チェックリストと考えてください）を用いますが、ただ単にフレームワークに沿って網羅的に環境要因を整理するだけでは環境分析の半分しか済んでいません。

　環境分析で大事な残りの半分は、その整理された環境要因が自社にとってどんな意味を持っているのかを考えることです。まずはその環境要因が自社にとってプラスに働くのか、マイナスに働くのかを判断します。

◆ ヌケモレなく、ただし最初から完璧を目指さない

　環境分析の主なフレームワークとして、**PEST**、**5フォーシズ**（5つの力）、**3C**、**SWOT** などがあります。それぞれ力点をおいて見ようとするものが違いますので、図表2-1を参考にしてそれぞれのフレームワークの特徴を知った上で、一旦はすべてのフレームワークを用いて"ヌケモレなく"環境分析をすることに慣れておくとよいでしょう。

　環境分析のコツは、最初から完璧なものを作ろうとしないことです。上記のフレームワークを活用して、視点として抜けているものはないか

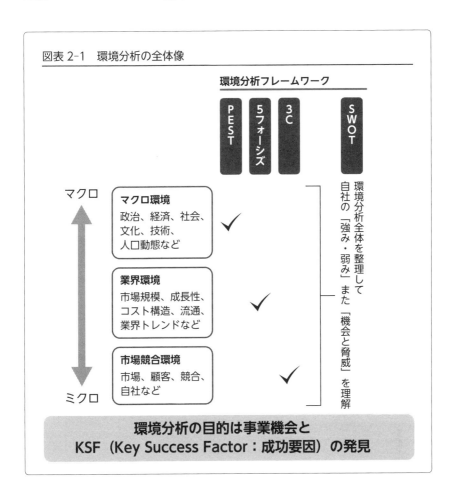

図表 2-1　環境分析の全体像

環境分析フレームワーク

PEST　5フォーシズ　3C　SWOT

マクロ

マクロ環境
政治、経済、社会、文化、技術、人口動態など

業界環境
市場規模、成長性、コスト構造、流通、業界トレンドなど

市場競合環境
市場、顧客、競合、自社など

ミクロ

環境分析全体を整理して自社の「強み・弱み」また「機会と脅威」を理解

**環境分析の目的は事業機会と
KSF（Key Success Factor：成功要因）の発見**

を確認しながら、まずは一通りの環境分析を行って、環境の全体像をつかむことが大事です。そして徐々にマーケティング戦略全体を考えながら、環境分析で不明瞭だったところで特に深く掘り下げなくてはならないところを詰めていきます。完璧な環境分析をしてから戦略を立てようとすると、見なくてはならないものが膨大になっていつまでたっても戦略策定に進めなくなる、そして戦略策定まで進めるころには当初見ていた環境が変わってしまっている、という状況に陥ってしまうかもしれません。まずは荒くても構いませんのでできる範囲で一通り分析し、全体感を持つことを目指してください。初回の分析では網羅的に分析する中で、わかるものとわからないものを仕訳ける程度の意識でよいでしょう。半日で済ませると時間を決めておこなってもよいです。方向性を具体的に考えると、どの環境分析要素を深堀するべきかが見えてきますので、その時に立ち戻って必要な情報を集めればよいのです。

2» PEST：業界を取り巻く環境を4つの視点で分析

◆ 政治・経済・社会・技術の4つの視点

マクロ分析というと難しげに聞こえるかもしれませんが、要は自社の業界を取り巻く環境要因を広く見ておくということです。**PEST分析**は、その業界をとりまくマクロ環境を分析するためのフレームワークです（図表2-2）。マクロ環境を大きく4つの要因に分け、その英語の頭文字をつなげたものがPESTです。

① Politics（**政治的要因**）：政治の動向、法律や官庁の通達、業界団体の内規などの状況を見ます。戦争なども戦略に大きな影響を及ぼす政治的な要因になります。英国のブレグジット、世界的なポピュリストまた右派政党の躍進などは事業環境に大きな影響を与えます。

② Economics（**経済的要因**）：インフレ・デフレ、景気の同行や為替・金利などの金融・経済状況などを見ます。失業率が上がることは経済全

体にとってはマイナス要因かもしれませんが、人材の流通を生業とする企業、例えば人材紹介会社にとってはチャンスとなることもあります。

③ Social（社会的要因）：流行・価値観・生活様式・人口構造の変動、宗教・倫理など人々の行動、購買に影響を与える要因を見ます。例えば、日本の高齢化は、購買力のある高齢者層が増えるチャンスであると認識すると同時に、その嗜好や価値観は従来の高齢者のイメージとは大きく違ってきています。

図表 2-2　PEST を使ったマクロ環境分析の例

2020 年のフィンテック業界は？

Politics
（政治的要因）

- 金融庁の銀行業に関する規制緩和
  —— 銀行事業の拡大、金融業への新規参入社
- ブロックチェーンや仮想通貨に関する国際的な規制・対応取り組みが進む
  —— 仮想通貨の取扱禁止など

Economics
（経済的要因）

- 各国の超低金利政策（マイナス金利）
  —— 銀行での預金以外の資産運用が進む
  —— 投資資金がフィンテックベンチャーへ流れる
- 大手銀行の大規模なリストラの発表
- 異業種からの銀行業への参入

Social
（社会的要因）

- スマートフォンが普及し、誰しも気軽に携帯から銀行、投資、保険などの手続きが可能になった
- デジタルネイティブと呼ばれる世代の比率が高まり、テクノロジーを使った金融商品への抵抗が下がった
- 一般購買と財務活動が一体化（e-commerce）

Technology
（技術的要因）

- ビッグデータや AI といった技術により、投資が人から機械に置き換わっている
  —— 信用度などを資産状況、購買履歴などの行動履歴から簡単に算出できる
- テクノロジーのコストが下がり新しいサービスの増加

これらの要因は自社にとってプラスとなるのか、マイナスになるのかを考える

※フィクション含む

---

④ Technology（技術的要因）：技術革新などの視点、自社・業界に影響をあたえる技術的要因は何かを見ます。現在使われている技術を置き換えるような技術動向がないかを確認しておき、必要があれば取り込んだり、防御方法を考えたりする必要があります。AI、ブロックチェーン、自動運転技術など大きな技術革新が業界地図を書き換える可能性があります。

◆ 影響を考えながら分析する

PEST分析を使う際は単に事実を羅列するのではなく、常にその事実が自社にとって、そして今考えている仮説にとってプラス・マイナスのどのような影響を与えるかを考えながら分析していくことが重要です。

3 ›› 5フォーシズ：業界の魅力度を総合的に見る

◆ 業界の魅力（儲けやすさ）を見る

業界の魅力度を考えるためのフレームワークとして、マイケル・ポーターによって提唱されたのが**5フォーシズ分析**です（図表2-3）。ここでいう業界の魅力度とは、収益を上げやすそうな業界か否か、ということを指しています。

ポーターによれば、その業界の収益性というのは、

①新規参入の脅威
②業界内の敵対関係の強さ
③代替品の脅威
④買い手の交渉力
⑤売り手の交渉力

という5つの力で決定されます。この考え方が提唱される前は、「業界での規模の大きさ」という、狭い意味での競争だけで収益性が決まる、と考えられていました。ポーターはより広く業界を捉え、買い手の力、

図表 2-3　業界の魅力度をはかる 5 フォーシズ分析

業界へのプレッシャーを見るポイント

新規参入の脅威
- 規模の経済性の有無
- 既存ブランドの強さ
- 切り替えコストの大きさ
- 流通チャネルの固定性

業界内の敵対関係の強さ
- 成長の遅さ
- 差別化の大きさ（同質企業間での競争大）
- 規制の有無
- 固定費（設備投資、研究開発等）の割合の大きさ

新規参入者

売り手
（供給業者）

業界内の競合他社
（敵対関係の強さ）

買い手
（ユーザー）

買い手の交渉力
- 買い手の寡占度
- 製品／サービスの差別性
- ブランド力の強さ
- 切り替えコストの大きさ

売り手の交渉力
- 売り手業界の寡占度
- 全供給品における地位
- 売り手にとっての自社の重要性
- 供給品の切り替えコストの大きさ

代替品の脅威

代替品の脅威
- 代替品の性能と価格
- 切り替えコストの大きさ

地上波テレビ業界の 5 フォーシズ（例）

- ケーブルテレビは約3000万世帯に普及（2018年）
  ※総務省
- ネットフリックスの世界会員数は約1億5000万人で、日本は約300万人
  ※ネットフリックス

新規参入者 中
- 既存地上波ではなく、ケーブルテレビ、インターネットテレビなどの新規参入

- キー局5社で放送収入は約9000億（2018年）
- 収入は伸び悩み、収益源の多角化を進めている

サプライヤー 小
- サイズが小さい制作会社でありキー局に対して交渉力は弱い

業界内 大
- キー局数社に限定
- 縮小マーケットの食い合い
- 既存プレーヤーの差別化小

買い手 大
- 固定層だけがユーザー
- 若年層はテレビ離れが進んでいる

- 社員数 30 名以下の小規模企業が多い

代替品 大
- ユーチューブなどのインターネット投稿動画

- 無料動画視聴者数は約4500万人（2019年）
- 30歳以下のユーチューブ利用率は 80％を超える
  ※ニールセン調査

：プレッシャーの大きさ

代替品の脅威など「直接的な競合」以外に業界の収益性に影響を与えるものがあることを示したのです。

◆ 5つの力に対応して自社の位置づけを強化

この5フォーシズ分析は、1つの業界に当てはめるだけではわかりにくい時があります。他の業界の5つの分析と比較したり、自分の業界を別の定義で見た5フォーシズ分析で比較したりすることで、相対的に魅力度を見ることも使いこなすポイントです。

例えば、単純に「一般派遣業界」を5フォーシズで分析したものに比べ、「製造業向け派遣業界」と「製薬業界向け営業員派遣業界」を定義して比較したもののほうがどの業界がよりプレッシャーの少ない、収益の取りやすい業界なのかがわかるようになります。

時間の流れの中で、5フォーシズの関係性は変化しますので、常に最新のトレンド・動きに注意を払っておくことが必要です。必要であれば今から5年後、10年後の5フォーシズを予測してみるのもよいでしょう。

4 ›› 3C：本当に競争優位性があるかをチェック

◆ 3つの視点から競争優位性を確認

3C分析はCustomer（市場・顧客）、Competitor（競合）、Company（自社）の3つの視点から競争優位性を確認するためのフレームワークです（図表2-4）。市場と競合という外部環境の分析から成功要因を導き出し、自社の状況と照らし合わせて戦略を考えるのです。

なぜこの3つかといえば、自社と競合だけを視野におくと、差別化についてはよく考えられるのですが、「お客さんに評価されない差別化」となるリスクがあります。顧客視点は以前より高まってきており、むしろ顧客の視点からスタートするマーケティングが増えています。

また、お客さんと自社だけで考えていると、「これはお客さんに気に

図表 2-4　3C 分析の基本要素

それぞれの項目を見るポイント

- 市場規模・成長性・収益性・コスト構造
- 顧客セグメント
- 顧客動機・<u>顧客ニーズ</u>
- 顧客決定プロセス
- 購買決定者
- 購買決定要因（Key Buying Factor）

Customer：
顧客（市場）

KSF
（Key Success Factor
＝その業界での成功要因）

Competitor：
競合

- 寡占度（競合の数と質）
- 参入障壁
- 競合の戦略・経営資源
- 構造上の強み・弱み
- 競合のパフォーマンス

競合状況の全体像を分析した
上で、競合相手を明確にして、
自社分析と同様に
経営資源・戦略・業績を分析する

Company：
自社

- 経営資源
  （生産能力・従業員数など）
- 戦略
  （集中・差別化など）
- 業績
  （売上高・利益・キャッシュ
  フロー・シェアなど）
- その他
  （ブランドイメージ・品質・
  組織力など）
- 事業ポートフォリオ

顧客→競合→自社という順番が分析しやすい

インターネットをベースにしたプラットフォームビジネスなど、多数のプレーヤー
が複合的に協力してビジネスを行う状況が増えており、上記の 3C に加えて、
Collaborator（協力者）を追加する 4C とする場合もあります。

入ってもらえるぞ」と思った商品が、実は同じことを考えていた競争相手がたくさんいて、まったく差別化されていなかった、ということにもなりかねません。お客さんに評価される差別化がすなわち競争優位性ですが、バランスよく競争優位性を考えるためにはこの３つの視点が必要です。マーケティングは顧客起点が前提なので顧客→競合→自社という順番が分析しやすいでしょうが、この分析もスパイラル（循環）します。

♦ それぞれの項目を見るポイント

①**市場分析**:既存顧客と潜在顧客の両方を対象とします。市場規模（潜在顧客の数、地域構成など）や市場の成長性・ニーズ・購買決定プロセス、購買決定者といった観点で分析します。

②**競合分析**:だれが競争相手かを正しく認識します。競争相手からいかに市場を奪うか（守るか）という視点を持ちながら、寡占度（競合の数）・参入障壁・競合の戦略・経営資源や構造上の強みと弱み（営業人員数、生産能力など）・競合のパフォーマンス（売上高、市場シェア、利益、顧客数など）に着目します。

③**自社分析**:自社の経営資源や企業活動について、定性的・定量的に把握します。具体的には、売上高、市場シェア、収益性、ブランド・イメージ、技術力、組織スキル、人的資源などを分析します。コスト構造や、どんな便益を顧客に与えているかを競合と比較します。

5» SWOT：環境分析を総整理するツール

♦ 内部・外部の要因をプラスかマイナスかで仕分ける

環境分析において最もよく使われる分析のフレームワークは**SWOT分析**でしょう。SWOT分析とは、図表2-5のように縦軸を「内部要因／外部要因」、横軸を「強み（プラス要因）／弱み（マイナス要因）」の２軸で仕分けたマトリクスの４つの箱に、それぞれ**Strength（強み）**、

図表 2-5 SWOT 分析

	プラス要因	マイナス要因
内部要因	強み Strength	弱み Weakness
外部要因	機会 Opportunity	脅威 Threat

日本の高級ブランド会社の例

	プラス要因	マイナス要因
内部要因	**強み（Strength）** ・現在のターゲット顧客への自社ブランドの認知の高さ	**弱み（Weakness）** ・ブランドイメージが保守的で今後のターゲットである若手に古くさいと思われている
外部要因	**機会（Opportunity）** ・景気動向が上向き、高額品の需要が増える	**脅威（Threat）** ・同じ顧客層をターゲットとした高級ブランドが続々と参入準備をしている

Weakness（弱み）、Opportunity（機会）、Threat（脅威）という 4 項目の名前をつけ、それまでの環境分析の要因をその 4 つの箱に入れ込んで整理をするためのツールです。SWOT という名前はこれら 4 つの分析項目の頭文字をとってできています。

♦ シンプルに整理できる

　SWOT分析は、それまでPEST分析や、バリューチェーン分析など
で調べてきた分析結果をシンプルに整理でき、見た目もわかりやすい便
利なツールです。

　ある高級ブランドを売っている会社の例で見ていきましょう。自社の
ブランドが対象顧客に対して非常に広く知られている場合、ブランド認
知が高いこと自体はプラスの内部要因として、強み（S）の項目に入る
でしょう。ただしそのブランド・イメージが非常に保守的なもので、現
在の顧客層には受けがよいのだが、今後対象にしたいカジュアルな若年
層には古くさく感じられてしまう場合にはマイナスの内部要因となり、
弱み（W）の項目に入ります。

　また、自社が高額品に強い場合、「今後景気動向が上昇し、高額品の
需要が上向く可能性が高い」という予測は、プラスの外部要因なので機
会（O）に入るでしょうし、「高額の嗜好品にかけられる税金が倍増する」
という規制や、「高額品の需要が高まることを見越して、海外の高級有
名ブランドが続々と参入準備をしている」ことなどはマイナスの外部要
因なので脅威（T）に入ることになります。

6 >> SWOT分析を使うときの4つのコツ

　SWOT分析は、わかりやすいのでさまざまなビジネス現場で使われ
ていますが、実際の事業計画では、見る人を混乱させるようなSWOT
分析も多いのが現状です。マーケティング戦略策定に正しく役立つ
SWOTを作るにはいくつかのポイントがあります。

　①いきなりSWOTから作らない

　このSWOTで環境分析の整理をもとに今後の戦略を考えるので、そ
の事実にヌケモレがあっては意味がありません。**いきなりSWOTから
作り始めると、規制要因や技術要因が抜けていることが多いので、まず**

は、本書で見てきた PEST や 5 フォーシズ、3C などのフレームワーク
に沿って環境分析をした上でそれを SWOT で整理するべきでしょう。

図表 2-6　SWOT 使用上の留意点

---

1) **SWOT 分析から作らない** →環境分析をしてから整理する

・PEST、5 フォーシズ、3C のフレームワークを使って環境分析をして
　から SWOT 分析で整理する

2) **時間軸を合わせる** →時間によって SWOT の要素が違ってくるなら
　　　　　　　　　　　別の SWOT を作る

・今の SWOT：5 年後の SWOT

3) **仕分けできないものは消さない** →別枠を設けて残す

・SWOT の欄外に強みとも弱みとも判別できないものとして記載する

4) **主語が何かを明確にする** →誰にとっての SWOT かを決める

・業界か、特定プレーヤーか、特定部門かなどを決めて分析する

SWOT の整理から示唆を得る（クロス SWOT）

	機会 (Opportunity)	脅威 (Threat)
強み (Strength)	●自社の強みで取り込むことができる事業機会は何か？	●自社の強みで脅威を回避できないか？ ●他社には脅威でも自社の強みで事業機会にできないか？
弱み (Weakness)	●自社の弱みで事業機会を取りこぼさないためには何が必要か？	●脅威と弱みが合わさって最悪の事態を招かないためには何をすべきか？

**戦略を外部環境に対する自社の対応策と捉える場合は、
SWOT をこの図のように組み替えて考えることもできる**

②時間軸を合わせる

実際の事業計画などを見ていると、その強みはいったい「今の話」なのか「将来の話」なのかがわからない場合が多くあります。ここには2つの問題があります。

1つは、**「現在の事実と将来の予測を混在させて考えている」**ことです。今と将来のSWOT状況が違うのなら2種類のSWOTを作成します。もう1つは、「自社の時間軸と環境や競合の時間軸を合わせていない」という問題です。例えば、自社が開発を進めて進化した将来像と現在の競合の状況を比較して、それをもって「自社の商品力には非常な強みがある」としている場合などがあります。

③仕分けできないものを消さない

実際のビジネスでは強みとも弱みとも判別のつかない要素はよく出てくるものです。そうした要素は説明がつけにくく、SWOT分析から外されて消されてしまう傾向がありますが、今後の勝敗を左右する場合もあるので、**プラス・マイナスの判別がつかない場合は、別枠を設けてきちんと残しておくようにします。**これは自分がもっていきたい方向に向けて恣意的にSOWTを作らないということでもあります。

④主語が何かを明確にする

ある事象やファクトがプラスかマイナスかは立ち位置によって変わります。例えば景気動向が上向きというトレンドは、アパレル業界全体としてみたときはもしかするとニュートラルで、高級ブランド企業全体ではプラスですが、社内の出店担当部門から見ると店舗スペースの取り合いが上げしくなりマイナス要素になるのかもしれません。SWOTを誰の立場で判断しているかを明示しましょう。

SWOTはまずは環境分析の整理として使いますが、整理しただけで終わるのではなく、クロスSWOT等を使いその整理から示唆を得ようと考えることが必要です。

第 **3** 章

対象とする顧客を選ぶ：
セグメンテーション・
ターゲティング・
ポジショニング (STP)

●市場の全体像を認識しながら自社の対象とすべき顧客を市場の全体像を認識しながら選択してゆくセグメンテーション・ターゲティング・ポジションニング（STP）はマーケティングのキモである。

●**セグメンテーション**：マーケティング戦略上、同質と考えても良いと判断される集団（セグメント）に細分化すること。外部から見て判断のつきやすい人口動態変数（年齢・性別等）や地理的変数（国・気候）と、外部から判断しにくい心理的変数（ライフスタイル、性向など）と行動変数（使用頻度、求めるベネフィットなど）で仕訳けることが多い。

●**ターゲティング**：セグメントのうち、規模・成長性・競争などの観点から自社に有利な狙うべきセグメントを定めること。セグメントの魅力度は①市場の規模、②成長性、③収益性、について定量的に評価し、その上で①競争上自社が優位になりうるか、②自社の経済性、③理念・目標・戦略に合うか、等の指標で対象顧客層を選択する。

●**ポジショニング**：ターゲット顧客の頭の中に、ほかの製品と差別化していると認知される、明確で価値ある製品イメージを作り出す活動。競争相手と相対的な差別化を図る場合と、競争を意識しない独自ポジションを訴求する場合がある。前者の場合は独立した2軸によってポジショニングマップを作成する。どちらの場合でも、①顧客に受け入れられ、②企業のイメージや理念と一致していることが重要。

1 » セグメンテーション・ターゲティング・ポジショニング（STP）

マーケティング戦略立案では「どのような価値を・誰に・どのように提供するのか」をはじめに考えなくてはいけません。そこで出てくるのが**セグメンテーション（Segmentation）・ターゲティング（Targeting）・ポジショニング（Positioning）**という考え方です（図表3-1）。マーケティングの成否を左右する非常に重要な部分なのですが、「なかなかうまく使いこなせない」という声をよく聞くのもこの3つです。これらは3つの頭文字をとって**STP**ともいわれます。

①**セグメンテーション**：マーケティング戦略上、同質と考えても良いと判断される集団（セグメント）に分解すること。

②**ターゲティング**：セグメントのうち、規模・成長性・競争などの観点から自社に有利な狙うべきセグメントを定めること。

③**ポジショニング**：ターゲット顧客の頭の中に、ほかの製品と差別化していると認知される、明確で価値ある製品イメージを作り出す活動。

3つの言葉の定義はこのようになるのですが、これらは一連の作業であり、特にセグメンテーションとターゲティングはスパイラルに試行錯誤を重ねる必要があります。また、「どのような価値（ポジショング」を「誰に届けるか（セグメンテーション・ターゲティング）」も関連して考える必要がありますので、ここでも最適な製品と、ターゲティングの整合性がとれるまで、何度もその組み合わせを試行錯誤します。まさにマーケティング戦略策定はスパイラル、といわれるゆえんはここにあります。ただし、ぐるぐると循環をしているうちに、「**そもそも何を目的としてこの分析をしていたのか**」がわからなくなり、混乱してしまう人も少なくありません。

だからこそ、セグメンテーション、ターゲティング、ポジショニング

とは何をすることなのかを知り、自分はどの分析作業をしているのかを意識しながらマーケティング戦略を立てることが必要になるのです。

図表 3-1　STP の意義

市場は多種多様な属性や嗜好を持つ消費者で構成されている
よって「どのような価値を・誰に・どのように提供するのか」が重要

セグメンテーション・
ターゲティング・
ポジショニングをしないと…

- 対象とする消費者が不明確で打ち手が曖昧になる
- 顧客ニーズと自社製品の提供価値にギャップが生まれる
- 他社製品と差別化ができず市場の中で埋もれてしまう

適切なセグメンテーション・
ターゲティング・
ポジショニングにより…

- ターゲット顧客と自社製品の提供価値を適切にマッチング
- 競合と正面からぶつからない、もしくは自社が優位性を持つ市場セグメントで効率的に勝負することができる

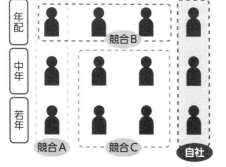

最適な消費者属性の特定、自社の提供価値とのマッチングは一度目の分析でうまく見つかることは少なく、最適な組み合わせを見つける為にスパイラルに試行錯誤を重ねる

2 » セグメンテーション①：市場はまずニーズで切る

セグメンテーションとは日本語でいえば**市場細分化**です。意味は「同じようなニーズを持ち、あるマーケティングアプローチに同じような反応を示す集団（市場セグメント）」にくくり分けることです。なぜ、わざわざ市場を分ける必要があるのでしょう？

◆ なぜセグメンテーションが必要か

企業側から見れば、市場を細分化して対象を小さくせず、万人受けする商品を作ってドカーンと大市場を狙いたいと思うかもしれません。しかし、顧客の観点から考えてみると、自分の好みにもっと合わせて欲しいと感じたり、他人とは違うものを持ちたい、と思っていたりするかもしれません。そうすると、万人受けを狙った製品や戦略は、結局だれからもよい評価を受けないリスクが大きいのです。**マーケティングでは消費者は必ずしもみな同じではない、という理解が重要です。**「大衆」というマスマーケットがなくなってきている現在の市場環境ではセグメンテーションの重要性はますます高まってきています。

一方、すべての製品を1人ひとりの顧客ニーズに合わせてカスタマイズすればよいのかというと、それではコスト高になり、思うような収益があがらないリスクが高くなります。「なるべく大きな市場を相手にしたい」という欲求と「ここまで絞り込めば商品やサービスを競合に負けずに市場・顧客にアピールできる」という正反対の要素のバランスをとることが必要になるのです。

◆ セグメンテーションの軸

市場を分類し、似通ったニーズでくくるための軸としては次のようなものが挙げられます（図表3-2）。

①**地理的変数**：都道府県などのエリア、気候、都市／郊外など

②**人口動態変数**：年齢・性別・家族構成・職業・所得・学歴など

③**心理的変数**：アウトドア志向などのライフスタイル、保守的か新しもの好きかの性向など

④**行動変数**：製品・サービスの使用頻度、求めるベネフィットなど

セグメンテーションでは、「どんな軸・基準で市場を細分化していくか」で勝負が分かれるのです。

図表 3-2　セグメンテーションの切り口

変数（切り口）	セグメントの例	該当する商品の例
1）地理的変数		
地域	関東・関西など	「ポテトチップス 九州しょうゆ」
気候	気温、季節など	キットカット「キット、サクラサクよ。」
人口密度	都市部・郊外・地方など	都市部の「カプセルホテル」
2）人口動態変数		
年齢	若年層・中年・高齢者など	『少年ジャンプ』
性別	男・女	女性専用ジム「カーブス」
家族構成	未婚・既婚、子供あり・なし	子育て雑誌『AERA with Kids』
職業	会社員・自営業、正社員など	バイト・パート求人『タウンワーク』
所得	600万以上・1000万以上など	年収1000万以上の婚活サイト
学歴	高卒・大卒・院卒など	社会人大学院
3）心理的変数		
ライフスタイル	アウトドア・スポーツ志向など	SUV車「ランドクルーザー」
パーソナリティー	新しもの好き・保守的など	スマートウォッチ「アップルウォッチ」
4）行動変数		
使用頻度	毎日使用、ヘビーユーザーなど	「アマゾンプライム」
求めるベネフィット	高級感、機能性、価格など	高級ホテル予約「一休」

B2B（顧客が企業の場合）は会社の規模、会社の発展段階（成長期・成熟期）、今後の成長領域フォーカスなどのセグメンテーションの切り口を検討する

> **セグメンテーションでは、どんな軸・基準で市場を細分化していくかが鍵であり、勝負の分かれ目となる**

3 ›› セグメンテーション②：本質的な軸と翻訳された軸

◆ 軸をめぐる誤解

　ビジネスが成長する中で注意しなくてはいけないのは、**初期に設定したセグメンテーションの軸が絶対的なものと認識してしまうことです。**共通のニーズで顧客を区分けするための指標としてセグメンテーションの軸があるので、年齢・性別・職業などのセグメンテーションの軸はニーズそのものではありません。

◆ 特定しやすいように軸は翻訳される

　例えば、製品導入初期に「デザイン重視」で「価格感度が高い」層をターゲットとすることにします（図表 3-3）。しかし、当然ながら顧客は「私はデザインを重視するし、価格感度が高い消費者です」と顔に書いてある訳ではありません。**自社が売りたい顧客層を特定するためには、誰でもわかる軸が必要になります。**

　そうした顧客が仮に都市部に住む 18-25 歳の女性に多い、ということであれば、「都市部という地理軸」と「18-25 歳の女性という人口動態軸」のセグメンテーションを使います。

　つまり、最初のセグメンテーションは「デザイン重視か否か」「価格感度が高いか否か」という 2 軸だったのですが、その顧客層を「地理軸」と「人口動態軸」で翻訳しているのです。ゆえに結果としてのセグメンテーションは地理軸と人口動態軸を用いています。

　もちろん、本質的なセグメンテーションの軸と、翻訳された伝えやすく、特定しやすい軸が結果的に同じものになる場合もあります。問題は、このセグメンテーションの軸を一度翻訳して設定すると、その後、「なぜこの軸を設定したか」という理由を忘れてしまい、市場が進化しKBF（購買決定要因）が変化しても以前のセグメンテーションのまま市場を見続けてしまうことです。つまりデザイン重視、価格感度が高い

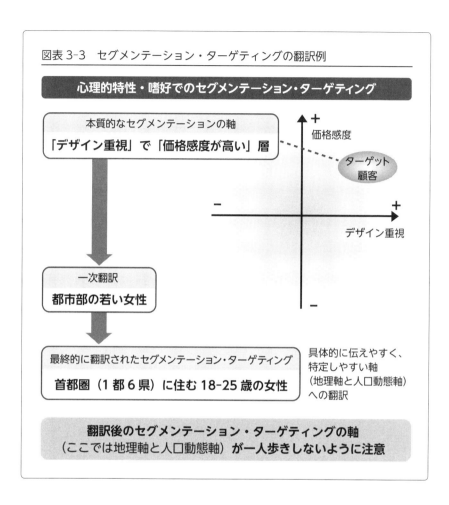

図表3-3　セグメンテーション・ターゲティングの翻訳例

心理的特性・嗜好でのセグメンテーション・ターゲティング

本質的なセグメンテーションの軸
「デザイン重視」で「価格感度が高い」層

価格感度

ターゲット顧客

デザイン重視

一次翻訳
都市部の若い女性

最終的に翻訳されたセグメンテーション・ターゲティング
首都圏（1都6県）に住む18-25歳の女性

具体的に伝えやすく、特定しやすい軸（地理軸と人口動態軸）への翻訳

翻訳後のセグメンテーション・ターゲティングの軸（ここでは地理軸と人口動態軸）が一人歩きしないように注意

顧客ニーズが変化したら、地理と人口動態軸のセグメンテーションを見直す必要があります。例えば時代が変わり、デザイン重視か否かが年齢や地域ではなく、ネットに繋がっている時間によって影響を受けるようになったとしたらセグメンテーションの軸はネットの接触度合いに翻訳しなおされるでしょう。

　ニーズの違う顧客層を仕分ける本質的なセグメンテーションとその顧客層を認知するための手段としての「翻訳された」セグメンテーションは区別して理解しておく必要があります。

4 »» セグメンテーション③：環境変化に合わせる方法

♦ 市場環境は変化する

　市場の進化とともにセグメンテーションやターゲティングも変化します。そのときに注目すべきは、やはり**購買決定要因（KBF：Key Buying Factor）**です。新製品が出たばかりの頃は、KBFは単純であることが多いのでセグメンテーションもシンプルですが、その市場が成長してくるにつれ、顧客のニーズも複雑化・多様化してきます。企業側はその変化に合わせて、自社のセグメンテーション方法、ターゲット選定を変え、製品やサービスを適合させることによって、成長する市場機会をとらえることができます。

♦ 携帯電話のセグメンテーション

　携帯電話が初めて登場したときは「移動中でも電話をかけたい」というのが基本的なニーズでした。今では信じられませんが初期の携帯電話はショルダーバックほどの大きさで数キロの重さがありました。初期のセグメンテーションは「とにかくどこにいても電話をかけたい」という消費者層セグメントを狙っていました。

　図表3-4に示すように、携帯電話が進化するにつれて、KBFは「小型で軽い」「音質が良い」「デザインが良い」「価格が安い」となり、その後「写真が取れる」「情報にアクセスできる」と次第に複雑になっていきます。スマートフォンになるとさらに「さまざまなアプリが使える」といった当初の「携帯できる電話」から大きく異なるニーズを満たすデバイスに進化しました。

　ある程度市場が成長すると、人によってこれらのKBFに対する優先順位は違ってきます。ある人は「とにかく最新技術が搭載されていること」が1番で、次に「デザインのよさ」で価格はほとんど重要視しないのに対し、ある人は「携帯として最低限の機能があればよいので、とに

図表 3-4　KBF とセグメンテーションの進化

携帯電話の例

初期の KBF とセグメンテーション

KBF
「移動中でも電話をかけたい」

セグメンテーション
「とにかくどこにいても電話をかけたい」というニーズを持つ消費者層のプロファイル（会社役員など）を選択することが重要

進化した KBF とセグメンテーションの例

● 消費者ニーズも多様化し、重要度は消費者ごとに異なる。似たニーズを持つ消費者をセグメントとみなす

KBF	KBF の重要度		
ブランド	5	2	1
デザイン	5	2	1
最新技術	5	3	2
価格	1	5	5
シンプルな操作	2	2	5
写真・動画の質	2	5	2
	A	B	C

セグメント
・**A**：とにかくおしゃれな最新機種が欲しい
・**B**：価格重視で友達と写真・動画を交換したい
・**C**：最低限の携帯の機能があれば良い

自社の強みを踏まえて、効果的に狙えるセグメントを特定する

進化したセグメンテーションに合わせて消費者層のプロファイルを検討するが、他のセグメントと重複が少なく、ターゲットとする消費者が明確にわかるプロファイルを構築、選択することが重要

かく価格が安いこと」が1番でブランドやデザインは気にしないかもしれません。このように KBF の優先順位が似た人々を1つのセグメントとしてみなします。

このように、セグメントの特徴と自社の強みを踏まえて最も効率的、効果的に狙えるセグメントを絞ることが重要です。

5» ターゲティング：自社の戦略にフィットする おいしい顧客層に狙いをつける

◆ ターゲティングの3つの手法

ターゲティングとは、セグメンテーションによって細分化された市場セグメントのどこに狙いをつけるかを決めることです。ターゲティングには3つの方法があります。

①**無差別マーケティング**：1つの製品とマーケティング・ミックスだけで、市場全体に訴求していこうとする手法です。例えばディズニーランドは1か所で、子供連れのファミリー、カップル、修学旅行生、インバウンド客など多様な顧客に対応しています。一見コストがかからず、当たれば大きいですが、全消費者から共通の支持を得るのは難しく、競合が差別化マーケティングや集中化マーケティングをとってくると、どんどん市場でのポジションを失ってしまう恐れがあります。

②**差別化マーケティング**：それぞれのセグメントに対して、それぞれの製品とマーケティング・ミックスを用意する手法です。例えばトヨタは高級車、普通車、スポーティと対象ごとにブランドを分けています。①とは反対にコストがかかります。

③**集中化マーケティング**：特定の限られたセグメントだけを標的として絞り込み、そこに自社の経営資源を集中する方法です。例えばフェラーリは車に特定のこだわりを持つ富裕層に特化した製品を提供しています。

これらは、「自社または事業部としてどのセグメントに絞り込むのか」ということを考えるためのフレームワークです。自社の経営資源を踏まえて、意識的にどの手法を取るべきかを確認しておく必要があります。

図表 3-5　ターゲット選定プロセス

セグメントの魅力度

①市場規模

②成長性

③収益性

自社の
ターゲティングと
マーケティング
戦略

自社標的セグメント選定

①競争上の
　自社優位性

②自社の経済性

③理念・目標・
　戦略との合致度

◆ セグメントの魅力度と自社との相性で絞る

　次に、差別化あるいは集中化マーケティングをとる場合であれば、どのセグメントを狙うかを選択します（図表3-5）。そのためには細分化した市場セグメントごとの魅力度は①市場の規模、②成長性、③収益性の3つの要素で定量的に評価します。次に自社から見たときに本当に標的とすべきセグメントかどうかを①競争上自社が優位になりうるか、②自社の経済性、③理念・目標・戦略に合うのかの3点から評価します。

　このときにはバリューチェーン分析などから導き出した自社（製品・サービス）の強み・弱みも合わせて検討します。

6 ≫ ポジショニング：
最も顧客にアピールできる打ち出し方

◆ 狙いをつけた顧客層によさを認識してもらう

　市場における位置づけの説明の仕方をポジショニングといいます。マーケティングにおけるポジショニングでは、「競争相手よりもここが

いい」と相対的な差別化を図る場合と、競合がいないようなオリジナリティあるポジションを占めることで「戦わずして勝ちに行く」場合の2種類があります。もちろん自社で複数の商品を抱えている場合には、自社の商品のそれぞれを互いのよさを打ち消さないように位置づけることを考えることがポジショニングとなるのですが、これは応用編といえるでしょう。

　実際にポジショニングを行うには、2つのステップがあります。

◆ 2軸の平面マップでわかりやすく説明

　まず、どのような軸で、どのような差をつけるのか、ということを考えなくてはなりません。実際にこれを考えるときには、ポジショニングマップと呼ばれる縦横の軸で表す4象限の図をよく使います（図表3-6参照）。軸の選択としては、できるだけ相関性のないお互いに独立した2軸をとります。軸としては、価格・製品の機能・デザイン・ブランド・付加サービスなどが挙げられます。さまざまな軸がある中でいかに最適な軸を選び出していくかもスパイラルに試行錯誤を繰り返す必要があります。ポジショニングに優れた商品は多くの場合2軸で商品の特性をいい表すことができます。この軸をいかにユニークで顧客にとって魅力的なものにできるかで、マーケティングの成否は大きく変わってしまいます。そのためにも、**①顧客に受け入れられ、②企業のイメージや理念と一致して、③（競合に対し）ユニークなポジショニング**であることが必須です。1つの軸を顧客に響く軸でもう1つを競合差別化の軸にするのも手です。

　ポジショニングを行った後には、次章で述べるマーケティング・ミックスときちんと連動させる必要があります。ポジショニングが変わればマーケティング・ミックスの内容も合わせて変わります。B2B（法人向け）ビジネスでは相手によってポジショニングを変える場合もあり得ますが、基本的には1つのポジショニングに集約されていることが望ましいです。成熟し競争の激しい市場では2軸のセグメンテーションでは差別化が難しい場合も出てきます。その際は後述するブルー・オーシャン戦略を活用して市場創造を行うとよいでしょう。

競合との比較によるポジショニング
ダイソンの掃除機のポジショニング例

ダイソンの掃除機はそれまでの「価格」と「吸引力」という掃除機選択の軸とは異なる軸を設定することで「戦わずして勝ちに行く」ポジショニングを確立し、消費者の支持を得るだけでなく、高価格で販売し高い利益率を達成することができた

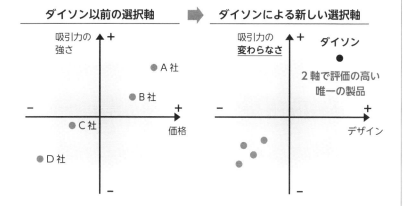

ダイソン以前の選択軸 ➡ **ダイソンによる新しい選択軸**

「吸引力の変わらない、ただ一つの掃除機」というキャッチコピーで宣伝し、掃除機選択の新しい軸として「吸引力の変わらなさ」を打ち出し、また斬新な製品デザインで、リビングのインテリアとしての価値軸も生み出したことで、他の既存製品とは圧倒的に異なるポジショニングを消費者のマインドに作り出すことに成功した
その後、他社も同じサイクロン式の掃除機でデザイン性も高い製品を開発し、ダイソンの初期のポジショニング優位性は下がった（→ポジショニング調整が必要）

**優れたブランド・製品はターゲットとする顧客にアピールする
明確なポジショニングを確立している
また、成功の継続には環境変化に対応した
リ・ポジショニング（ポジショニングの調整）も必要**

マーケティング・ミックスの
最適化①：製品

第4章のポイント

● Product（製品戦略）Price（価格戦略）Place（流通戦略）Promotion（プロモーション戦略）の頭文字を取って4Pという。この4Pは企業と顧客の重要な接点であり、この4つの接点において整合性を持つことが重要で、この4Pの組み合わせを考えることをマーケティング・ミックスという。またこの4Pが前章で見たターゲットとする顧客やポジショニングとも整合していることも重要。

●顧客価値（カスタマー・バリュー）＝顧客が認知する便益（ベネフィット）／価格（プライス）という関係性。製品戦略に含まれるコアベネフィット（中核便益）に付随機能や流通（プレース）などのさまざまな要素が加わって顧客の認知便益が形づくられる。顧客価値を適切に伝えるにはプロモーションが必要となる。

● Product（製品戦略）はその製品が顧客に提供するコアベネフィット（中核便益）は何か、それを提供するために必要な要素（製品携帯）は何か、それに付随する機能は何かという3層構造で考察する。その際に、製品の定義は「顧客のニーズやウォンツを満たすために市場に出された全て」と考えたほうが製品戦略を柔軟に考察できる。

●製品戦略はシーズ（企業が持つ資産）とニーズ（顧客の要望）のどちらから始まってもよいですが、その両方を行き来しながら考察することが必要。

1 » マーケティング・ミックス (4P) は整合性が大事

◆ 整合性がカギ

狙うべき顧客を見つけて、アピールするポジショニングができても、製品がそのポジショニングと合っていなかったり、ターゲット層の人々が誰も知らなかったり、手に入れにくかったり、ターゲット層の人が買

えないほど高かったりしたら、意味がなくなります。そこで、マーケティング・ミックスが必要になります。**マーケティング・ミックスとは、ターゲットとなるセグメントに、その価値を適切に伝えていくために、製品・価格・流通・プロモーションなどのマーケティング手段を適切に組み合わせることです。**

◆ マーケティングの4つのP

主なマーケティング・ミックスは以下の４つで、その頭文字を取って**4P**と呼びます。

① Product（**製品戦略**）：どのような製品を送り出すべきか。機能、パッケージ、スタイル、品質、付帯サービスなど。

② Price（**価格戦略**）：製品の価格を決める。高過ぎれば利益が出るが、売れる数に限りがある。安過ぎれば利益が出なかったり、ブランド・イメージを損ねたりしかねない。

③ Place（**流通戦略**）：製品やサービスをどのような経路で顧客へ到達させることが一番効率的で確実かを考える。単純に多くのお店に置けばいいのではないか、と考えがちだが、ブランドを作っていくときには、あえて流通経路を絞っていくことも重要になる。

④ Promotion（**プロモーション戦略**）：さまざまなメディアや媒介するものを通じて、顧客に製品やサービスのよさを伝えていくことを考える。最近ではプロモーションの代わりにコミュニケーションという言葉もよく使われている。

これらを組み合わせて使う、という意味でマーケティング"ミックス"なのです。これら４つのＰはそれぞれに深く結びついているので、短期的にも長期的にも、対象ときちんと整合するように設計する必要があります。そしてこの4Pは顧客（ターゲット）とイメージ（ポジショニング）にも整合している必要があります。例えば、スターバックスとドトールは同じセルフサービスのコーヒーショップとして対象的な4P戦

略を取っていますが、どちらも一定の成功を収めています。これは図表 4-1 のようにそれぞれが対象とする顧客層と自社のイメージと 4P が整合しているからと考えられます。

図表 4-1　ドトールとスターバックスのマーケティング戦略

	ドトールコーヒー	スターバックス （日本参入時）
ターゲット ポジショニング	**ビジネスマン層** "（リーズナブルに）1 杯のコーヒーを通じてお客さまにやすらぎと活力を" →街の喫茶店を代替	**若い女性層** "手ごろな贅沢" →日本になかった市場を創造
Product （製品）	●ドリップコーヒー中心にした一定品質のコーヒー ●シンプルな内装。長居しない人向けには背の高いスツール ●1店舗の平均社員は 0.97人	●エスプレッソ中心に、良質の深煎りコーヒーを一定の味で：女性が飲みやすいラテやモカを看板商品に ●店内環境がカギ（センスのよいインテリアとゆったりとした音楽）、店外で飲むファッション性 ●うちとけたサービス、1店舗の平均社員 2.38 人
Place （流通）	●駅の近くなど**利便性のよい場所**	●若い女性が集まる**都会の一等地**に限定して出店 ●ブランド管理を徹底するため、FC 展開はしない
Price （価格）	●コーヒー1 杯 **150 円**の奇跡といわれた価格でスタート。現在は 220 円(テイクアウト)	●エスプレッソショート **290 円**、「ちょっとした贅沢感」が出る水準。ただし、1 日 1 杯飲んでも負担を感じないレベル
Promotion （プロモーション）	●道行く人に存在を知らしめる**店頭看板、POP**	●当初はプレステージなブランドを作るためにマス広告はしない ●**店舗**や**消費者自身**を通じた宣伝 ●テレビ局や外資系企業周辺への集中出店 ●持ち帰りしやすいカップや「パーソナルマグ」の導入

ドトールとスターバックスはそれぞれのターゲット、ポジショニングと 4P が整合している

＊1 店舗の平均社員数は両社とも 2007 年の調査当時

2 >> 製品戦略の構造は3層で考える

♦ 製品とは何か

　まず、「製品とは何か」を確認しましょう。ここでは製品を幅広く捉え、「顧客のニーズやウォンツを満たすために市場に出された全て」と考えます。つまり車やワインのように形あるもののみでなく、経営コンサルティングやマッサージなどのサービスも含みます。前項で見たように、製品戦略を考える際には、消費者は製品そのものを消費・使用・取得したいのもさることながら、それによって何らかの**ベネフィット（便益）**を求めている、ということを忘れてはいけません。製品は「便益の束（bundle of benefit）」なのです。

　例えば「指輪」という製品について考えてみましょう。指輪自体を持っていたいだけでなく、それを身につけることで「自分が豊かである」ことを表現する便益を得るために入手することもあるでしょう。

♦ 製品を3層に分けて考える

　この概念を製品戦略に活かすためにコトラーは製品を以下の3層に分けて考えるとよい、といっています（図表4-2）。

　①**製品の中核（コア）となるベネフィット**：製品の中心であり、消費者が製品にお金を払う目的。例えば、ベッドを買うときには「安心で快適な眠り」を買うのか、「部屋のインテリアの一部」として買うのか、単に「体を横たえる道具」として買うのか、顧客が本当に求めている便益（ベネフィット）をきちんと見極める必要がある。

　②**製品の形態**：製品のコアに従って製品を実体化するためには、品質水準・特徴・デザイン・ブランド名・パッケージという5つの特性があり、これら5つをうまく組み合わせ、製品のコアをきちんと実現し、顧客を満足させる実際の製品とする。

③製品の付随機能：ここには保証やアフターサービスのほか、配送や取りつけ作業、自動車業界であれば車検サービスなども入る。

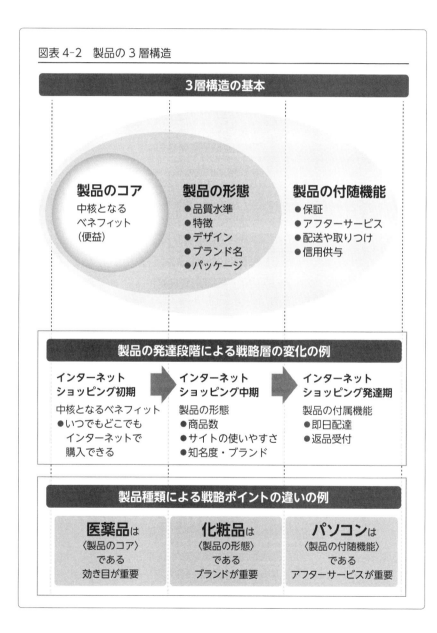

図表 4-2　製品の 3 層構造

3層構造の基本

製品のコア
中核となる
ベネフィット
（便益）

製品の形態
● 品質水準
● 特徴
● デザイン
● ブランド名
● パッケージ

製品の付随機能
● 保証
● アフターサービス
● 配送や取りつけ
● 信用供与

製品の発達段階による戦略層の変化の例

インターネット
ショッピング初期

中核となるベネフィット
● いつでもどこでも
　インターネットで
　購入できる

インターネット
ショッピング中期

製品の形態
● 商品数
● サイトの使いやすさ
● 知名度・ブランド

インターネット
ショッピング発達期

製品の付属機能
● 即日配達
● 返品受付

製品種類による戦略ポイントの違いの例

医薬品は
〈製品のコア〉
である
効き目が重要

化粧品は
〈製品の形態〉
である
ブランドが重要

パソコンは
〈製品の付随機能〉
である
アフターサービスが重要

製品の発展段階に応じて、この３層の中でどこに注力して勝ちに行くかの勝負どころが変わってきます。

戦略ポイントは、時代によって変わりうることに留意しましょう。

3 » 自社の位置づけとプロダクト・ミックス

製品戦略で考えなくてはいけないのは、市場における自社の位置づけと競争戦略、及び自社内の**プロダクト・ミックス**です。市場における自社の位置づけと競争戦略には、市場開拓型戦略と競争対抗型戦略の２つの方法があります。

◆ 市場における自社の位置づけと適合性の高い競争戦略

市場開拓型戦略は、積極的に新しい製品・サービスまたは新市場を狙う戦略で、他社に先駆けることによる先行者優位が見込まれる場合や、自社が新製品開発の資源や能力をもっている場合に向いています。インターネットビジネスでは先行者が揺るぎないプラットフォームを作ってしまう場合が多く、市場開拓型が有利な市場です（グーグル、フェイスブック、アマゾンなど）。

競争対抗型戦略は、製品が真似されやすく先行開発メリットがない場合や、後発でも追随できる資源や能力をもっている場合に向きます。競合製品を模倣したり、改良を加えたりして出す方法などが考えられます。ダイソンの掃除機などは、日本メーカーも類似品を発売して競争対抗型戦略で追随していますが利益率は先行したダイソンのほうが大きい、という場合などもあり、競争対抗型戦略がいつも効果的であるとは限りません。例えば、416社を対象にしたマッキンゼーの調査では、対象会社の1999 〜 2006年の企業成長源泉のうち約66％が新市場創造（新興国進出含む）、約30％がM&A、シェア拡大競争が約4％だったそうです。

◆ プロダクト・ミックスで製品・ブランドとの整合性を見る

　プロダクト・ミックスとは、企業がどのような製品をどれくらいの種類取り揃えて売っていくのか、ということを考えるための枠組みですが、これは以下の4つの視点で考える必要があります（図表4-3）。

　①製品ラインの"幅"：会社が持つ製品ラインの数。つまり洗濯洗剤、シャンプー、グルーミング、化粧品といった製品カテゴリーの数。
　②製品ラインの"長さ"：会社が持つブランドの総数。例えばP&Gの洗濯洗剤であれば「アリエール」「ボールド」といったブランドの数。

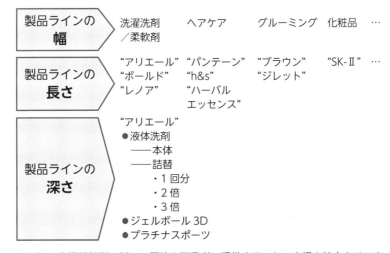

図表4-3　プロダクト・ミックスの例（P&G）

プロクター・アンド・ギャンブル（P&G）は世界的に最も豊富なブランド・製品群を抱える企業であり、幅、長さ、深さのいずれに於いても多種多様な製品を展開してさまざまな消費者を取り込んでいる。

製品ラインの**幅**	洗濯洗剤／柔軟剤	ヘアケア	グルーミング	化粧品　…
製品ラインの**長さ**	"アリエール" "ボールド" "レノア"	"パンテーン" "h&s" "ハーバルエッセンス"	"ブラウン" "ジレット"	"SK-Ⅱ"　…

製品ラインの**深さ**

"アリエール"
- ●液体洗剤
  - ──本体
  - ──詰替
    - ・1回分
    - ・2倍
    - ・3倍
- ●ジェルボール3D
- ●プラチナスポーツ

P&Gは市場開拓型で新しい価値を消費者に提供することで市場を拡大させてきているが、競合企業が新たな商品・サービスを導入した際には、迅速に競争対抗型で自社製品に取り込んでいる。
またライン毎の売上を最大化するためにブランド間でカニバリゼーション（食い合い）を最小化するような各ブランドの戦略的ポジショニングも行っている。

このケースの場合「1ラインあたり2ブランドを持つ」という。

③製品ラインの"深さ"：製品ラインもしくはブランドごとに取り扱うアイテム数。「アリエール」ブランドの場合、「液体洗剤」、「ジェルボール」、「プラチナスポーツ」などの製品形態・用途別のアイテム数。

④製品ライン間の"一貫性"：顧客や流通経路、生産の仕方などが関連しているのかどうか。P&G の場合、一般消費者を対象とし、ドラッグストアなどを中心とした流通経路に一貫性を持つ。

どの段階で新しいブランド・製品を加えるのか、減らすのかの整合性確認し適切なブランド群と製品群を構築するのがプロダクト・ミックスです。

4 >> 開発プロセスを踏まえて余計な失敗を避ける

「売れる製品をつくりたい！」というのがマーケティングを担当するすべての人に共通の願いでしょう。正しいプロセスに沿ったからといって常に成功するわけではありませんが、正しいプロセスを経なければ、避けられる失敗をして、せっかくのチャンスをつぶしてしまいます。

新製品が市場に出ていくプロセスは、①アイディア創出と製品コンセプト開発、②事業性の分析、③製品化、④製品ライフサイクル管理、の4段階で進められます（図表 4-4）。

①のアイディア創出は大きく分けて2つの方法があります。1つは、自分たちのもつ技術の強み（シーズ）をもとにして作り出していく方法、もう1つは顧客ニーズに応えようとアイディアを出す方法です。

シーズから製品のヒントをつかんだ場合はできるだけ初期の段階でニーズを確認しましょう。具体的にそのようなニーズを持つ人がいるのかを直接確認したいです。ニーズを拾ううちに仮に面白そうなアイディアが出てきたら、「それは商売としてどれくらい儲かるのか」「どの程度のニーズの広がりがありそうか」を概算でよいので考えます。

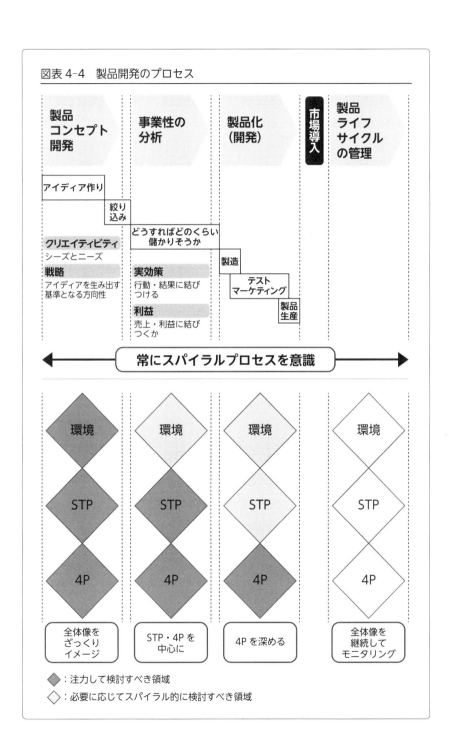

図表 4-4　製品開発のプロセス

| 製品コンセプト開発 | 事業性の分析 | 製品化（開発） | 市場導入 | 製品ライフサイクルの管理 |

アイディア作り

絞り込み

どうすればどのくらい儲かりそうか

クリエイティビティ
シーズとニーズ

戦略
アイディアを生み出す基準となる方向性

実効策
行動・結果に結びつける

利益
売上・利益に結びつくか

製造

テストマーケティング

製品生産

常にスパイラルプロセスを意識

環境　環境　環境　環境

STP　STP　STP　STP

4P　4P　4P　4P

全体像をざっくりイメージ　STP・4Pを中心に　4Pを深める　全体像を継続してモニタリング

◆：注力して検討すべき領域

◇：必要に応じてスパイラル的に検討すべき領域

76

②の事業性の分析では、製品ポジショニングやマーケティング・ミックスを具体的に作ります。もちろんアイディア段階でもある程度は考えられているはずですが、この段階で明確に設計を行います。事業性が弱いと判断されればもう一度①のプロセスに立ち返ります。

③の製品化では、製品の雛形を作り、実際の市場やモニター集団を相手にテストマーケティングをして反応を見ます。この結果によって再びマーケティング戦略に修正が加えられます。その後、結果がよければ、生産ラインをしっかりと組んで、製品を生産します。売上予測でいくつかのシナリオに基づき、生産能力や在庫のバランスも計画しておきます。

④の製品ライフサイクルの管理は市場導入後の製品の販売状況、競合、顧客の嗜好変化をにらみながら行います。

5 ≫ 製品開発はシーズとニーズの両方から

◆ シーズ（＝企業が提供したい資産）起点と、ニーズ（消費者のニーズ・ウォンツ）起点

製品開発では**シーズ**（＝企業が提供したい資産）起点のものと、**ニーズ**（消費者のニーズ・ウォンツ）起点の2方向からのものがあります。シーズ起点のものは企業が競争優位性を持つ技術や特許をベースにし、ニーズ起点のものは消費者の顕在・潜在ニーズから新しい商品を生み出していくプロセスです（図表4-5）。

富士フイルムは、長年カメラのフィルムを事業の中心に据えた事業展開・製品開発を行ってきました。しかし市場がデジタルに移行してカメラのフィルムを売るビジネスが衰退していくなかで、シーズとニーズをベースに全く異なる事業領域に進出し、事業構造の異なる会社として蘇っています。

◆ シーズに重点をおいた製品開発：化粧品事業

　富士フイルムが化粧品事業に展開した際には、「なぜ？」と思った人々は多かったでしょう。技術ベースで見ると化粧品と写真フィルムの技術の親和性は非常に高いのです。写真フィルムの主原料は肌の弾力を維持するコラーゲンであり、またフィルムの劣化を防ぐ抗酸化技術はアンチエイジングに応用できるなど、写真フィルムで使われていた技術と化粧品事業に必要とされる技術は共通するのもが多かったのです。社内に保有する技術（＝シーズ）を起点に新しい製品・事業を生み出しました。

◆ ニーズに重点をおいた製品開発：インスタントカメラ

　デジタルカメラ、携帯でのデジタル写真が隆盛しているにもかかわらず富士フイルムのインスタントカメラ（以前のブランド名は"チェキ"、現在は"インスタックス"）は世界で一枚だけの、その場でプリントできるという特性を武器に発売 20 周年を数える人気商品です。デジタル

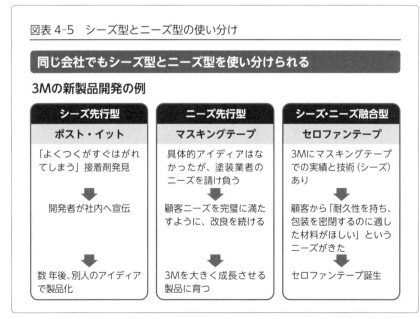

図表 4-5　シーズ型とニーズ型の使い分け

同じ会社でもシーズ型とニーズ型を使い分けられる

3Mの新製品開発の例

シーズ先行型	ニーズ先行型	シーズ・ニーズ融合型
ポスト・イット	**マスキングテープ**	**セロファンテープ**
「よくつくがすぐはがれてしまう」接着剤発見	具体的アイディアはなかったが、塗装業者のニーズを請け負う	3Mにマスキングテープでの実績と技術（シーズ）あり
⬇	⬇	⬇
開発者が社内へ宣伝	顧客ニーズを完璧に満たすように、改良を続ける	顧客から「耐久性を持ち、包装を密閉するのに適した材料がほしい」というニーズがきた
⬇	⬇	⬇
数 年後、別人のアイディアで製品化	3Mを大きく成長させる製品に育つ	セロファンテープ誕生

世代の若い層にはその場でプリントされるアナログ感が逆に面白がられる、デジタルとは違う唯一の写真をその場で共有するというコミュニケーションツールとしてのニーズを拾い上げた製品となっています。

♦ **その他の例**

①シーズベースの開発

京都大学の山中伸弥教授がノーベル賞を受賞した再生医療技術は、その後医療分野で人体ではない再生細胞をつかった新たな治験方法といった、医療分野の大きな発展をもたらし、シーズから多くの医薬品などの製品を生み出すことにつながりました。

②ニーズベースの開発

米国のウーバーや中国のディディなどのタクシーライドサービスは、顕在化していなかった消費者ニーズを取り込み、各国の規制を変えてしまうほどの新しいサービスを生み出しました。

コラム 3
「ありかた」を問うデザイン思考の新たな潮流

♦ **顧客視点の重視で素早くプロトタイピング（試作化）する デザイン思考**

デザインを通じて人間の困難な課題を扱う **"デザイン思考"** が企業や行政等でも活用されるようになってきました。ここでいうデザインは「装飾」というよりも「設計」に近い意味です。デザイン思考では「顧客」の視点が何よりも重視され、そのプロセスも顧客視点で設計されます。大まかには、①観察等を用いたリサーチによる顧客（ユーザー）ニーズの発見、②コアとなる問題の定義、③アイディアの創出とプロトタイピング、④検証の4ステップとされています。このなかでも特徴的なのが③におけるプロトタイピング（試作するモデルを早々に作ってしまうこ

と)です。これによってさまざまな観点からユーザーの評価を得ることで、より良いアウトプットにつながることになります。その際 1 つのアイディアに縛られないこと、顧客やチームメンバー間のコミュニケーションをオープンに行うことも重要です。

　また、デジタル環境の進展に応じて、UX（ユーザーエクスペリエンス）や UI（ユーザーインターフェイス）という概念も、近年、盛んに導入されています。ただし、デザイン思考で初期アイディアを見える形に落とし込んだ後で、それを組織として製品・サービス化する仕組み、ビジネスモデルに発展させる仕組みも必要です。それがないとプロトタイプで止まってしまうリスクがあります。マーケティングの全体像を持ったうえで、そのプロセスにデザイン思考を活用することでチャンスが具現化していきます。

◆ デザイン思考の背景

　デザイン思考の歴史は比較的古く、1970 年代から 80 年代にかけて、システム工学や都市計画などでその概念が導入されてきました。21 世紀に入ってから IDEO をはじめとするデザイン・コンサルティング会社によって、デザインをビジネスにおける創造的な問題解決の方法と捉える「デザイン思考」が提唱されはじめました。それまでは、製品やコミュニケーションのデザインは、組織の機能のひとつとして活用されていました。これに対してデザイン思考は、製品、サービス、事業戦略、ブランドなどが横断的にイノベーションを推進する手法と位置づけられる点に特徴があります。その背景として、かつての社会・事業課題は今よりもシンプルで（Well-defined ＝適切に定義されていた）、技術や製品によって解決されたのですが、事業環境の複雑化によって、明確には定義できず扱いにくい「厄介な問題（Wicked problems）」が次々と生まれてきたことがあげられるでしょう。

　課題解決のための手法としてのデザイン思考は、2008 年のリーマンショックを機に、過去の事例やデータをもとに未来を分析しようとする旧来型の MBA 的解決方法にある種の限界を感じ、「そもそも」を企業や個

人に問う新たな潮流へと転換します。例えば、How（どのように製品を開発するのか）ではなく、Why（自社や自社製品が存在する意味は何か）を考える「**アート思考**」によって経営センスを磨く「MFA（Master of fine arts）」のビジネス界からの入学者が急増し、マッキンゼーなどのコンサルティングファームはデザイン系の事業拡大に進出しています。

◆ 日本におけるデザイン思考

　日本ではいま、製造業（工場）での労働を前提とする労働法制や企業の就業規則と、第三次産業が多くを占める実際の産業構造とのギャップによるひずみが、働く現場に一気に押し寄せています。システムの変化に法律等のインフラの整備が追いつかないという現状にあって、明文化された法律だけを拠り所とせず、自分なりの「真・善・美」の感覚、つまり「美意識」に照らして判断する態度が必要となる、と指摘する本が話題になったことは、決して偶然ではありません。この現状に対し、多くのスタートアップ経営者が、自分や事業のありかたを問うことから業を起こす「ビジョン」の大切さを提唱し始めているほか、大学と産業界の連携でアートやデザインの概念やプロセスによって現状を打破し社会を変革する動きが広まりつつあります。そのいずれもが、理論や手法一辺倒にならず「（自ら手を動かす）実技と理論」の両輪のバランスを取ろうとしていて、人間本来の創造性の開発に取り組んでいます。まさにいま、世界と日本で、AIと協働する「人間ならでの創造力とは何か」が問われているのです。

　そしてアート、デザインと事業構想の共通点は、物事の見方を違う視点からとらえ直す「リフレーミング」だとされます。戦後の復興に寄与した日本企業の真骨頂は、そもそもの社会課題を見据え、自社の「ありかた（存在価値）」を自ら問うことから事業を構想する力でした。今改めて、人と組織の「リフレーミング力」が必要とされているなか、デザイン思考は素直に顧客を観察することから前提をとらえなおすツールであり、考え方といえるでしょう。

第 **5** 章

マーケティング・ミックスの
最適化②：価格

第5章のポイント

●マーケティングにおける価格には「商品やサービスの品質のバロメーター」と、「社会的プレステージの指標」という2つの側面がある。

●価格マネジメントの基本は、「価格設定」と「価格管理」。価格設定とは収益を上げながら、顧客が適正と認めるような商品やサービスの基本的な価格を決定すること。価格管理とは、いったん設定した価格をさまざまな環境の変化に合わせて調整していくこと。

●価格設定に関しては、近年「フリーミアムモデル（直接の商品価格を無料に設定し、他の形で収益を上げる）」、「サブスクリプションモデル（定期的に収入を得る）」、「ダイナミックプライシング（状況変化に応じて価格を変動させる）」などの新たな手法が出てきている。いずれにせよ、STPを明確にして、「価値（バリュー）＝顧客が受ける便益（ベネフィット）/価格」という図式を意識しながら、対象顧客が認知する価値と価格の整合性を取ることを意識すべき。

1 ≫ 価格の意味

◆ 価格は品質と社会的プレステージの指標

「もう少し価格を下げれば売れたのに」「あれほど売れるなら、もっと高くすればよかった」などの声をよく聞きます。価格は企業の収益に最も直接的に影響し、商品やサービスの価値を表す基準ともなるため、価格について悩むのは当然のことでしょう。経済学的に見ると、価格は「支出に伴う犠牲や痛み」となりますが、マーケティングにおける価格には**「商品やサービスの品質のバロメーター」**と、**「社会的プレステージの指標」**という2つの側面があります。

例えば、中古車が1万円で販売されていたら、「この車は大丈夫かな」と不安になりますよね？ あまり価格を下げすぎると品質が悪いとか、

価値がないなどと思われてしまいます。一方で、高級自動車やラグジュアリー・ブランドのバッグなどは、価格が高ければ高いほどその価値の高さを表すため、より高額なもののほうが売れやすい場合もあります。これは、高額なものを購入することができるという社会的地位の誇示（顕

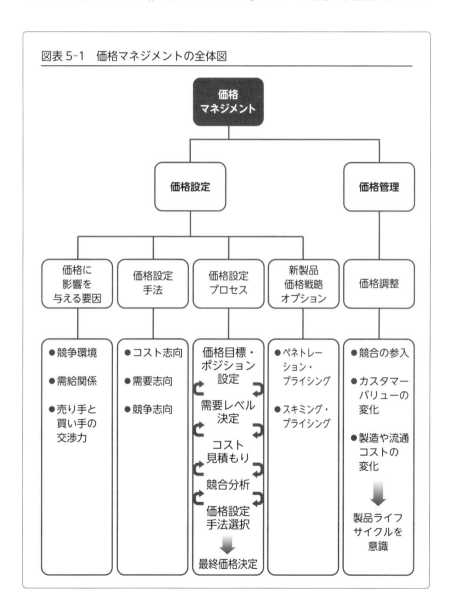

図表 5-1 価格マネジメントの全体図

価格マネジメント

価格設定

価格管理

価格に影響を与える要因

価格設定手法

価格設定プロセス

新製品価格戦略オプション

価格調整

●競争環境

●需給関係

●売り手と買い手の交渉力

●コスト志向

●需要志向

●競争志向

価格目標・ポジション設定
↓
需要レベル決定
↓
コスト見積もり
↓
競合分析
↓
価格設定手法選択
↓
最終価格決定

●ペネトレーション・プライシング

●スキミング・プライシング

●競合の参入

●カスタマーバリューの変化

●製造や流通コストの変化
↓
製品ライフサイクルを意識

示的消費）でもあります。

このように、価格は企業の収益に直結するだけでなく、企業のブランドや評価にもつながることから、的確な価格戦略の策定とその実現、つまり、価格マネジメントが必要となってきます。

◆ 価格マネジメントは価格設定と価格管理

価格マネジメントの基本は、「価格設定」と「価格管理」です（図表5-1）。まず、**価格設定**とは商品やサービスの基本的な価格を決定することです。企業が収益を上げながら、顧客が適正と認めるような価格を設定するには、「価格設定のプロセス」や「価格に影響を与える要因」、「価格設定の手法」、「顧客が認める品質や価値（カスタマー・バリュー）と、実際の価格との整合性」などをしっかりと理解しておく必要があります。

一方、**価格管理**とは、いったん設定した価格をさまざまな環境の変化に合わせて調整していくことです。例えば、自社の新製品の市場導入がうまくいきヒットすれば、それを見た競合が低価格で参入してくる可能性があります。また、顧客のカスタマー・バリューを把握することで価格の引き上げを検討したり、原価コストの急騰などで仕入先が価格変更を要求してくることもあるでしょう。これらに留意しながら、戦略的に価格マネジメントを行っていくことが重要です。

2» 価格に影響を与える要因

◆ 価格に影響を与える要因① : 競争環境

価格は、さまざまな環境要因の影響を受けますが、特に、価格設定をする際に考慮すべき要因について見ていきましょう。

まず、商品やサービスの価格設定を行ううえで、最初に検討すべきなのは**競争環境**です。自社の商品・サービスのコンセプトや機能、デザイン、ブランド力などが競合を圧倒するほど差別化されていれば、競争環

境に左右されることなく価格設定を行うことができますが、競争のない市場など通常はほとんど存在しないでしょう。したがって、現在の競争環境をしっかりと把握し、今後の動向についても予測していく必要があります。特に、寡占的な業界では、「プライスリーダー」と呼ばれる、価格決定力のあるリーダー企業が存在することが多いため、高価格品と低価格品のそれぞれのプライスリーダーの動向を把握しておくことも重要です。

◆ 価格に影響を与える要因②：需給関係

次に、需要と供給の関係（**需給関係**）も価格に影響を与える要因です。差別化が困難とされるコモディティ（汎用品）では、経済学の「需要供給曲線」によってある程度、価格設定可能な範囲（プライシング可能帯）を定めることができます。これらを活用し、顧客にとって適切な価格を設定することが求められます。

◆ 価格に影響を与える要因③：売り手と買い手の交渉力

第2章の5フォーシズでも触れましたが、供給業者などの「売り手」や、顧客などの「買い手」の交渉力も価格設定に大きな影響を与えます。**売り手と買い手の交渉力**とは、大手メーカー企業（買い手）とその下請け業者（売り手）との関係を例に挙げると、売り手の売上高における買い手の購入額が極めて大きな割合を占めるなど、買い手に対する売り手の依存度が高い場合、買い手は売り手に対して強気の価格交渉を行うことができるでしょう。また、売り手と買い手の交渉力を考える際には、**スイッチング・コスト**についても検討しておく必要があります。スイッチング・コストとは、売り手または買い手が代替性のある別の企業などへ乗り換える際に発生する、さまざまなコストを指します。スイッチング・コストは、売り手または買い手との関係が長期にわたり、その関係性の重要度が増すにつれて高くなります。したがって、価格設定の際には、スイッチング・コストがどの程度かかるかについても留意しておく必要があるでしょう。スイッチング・コストを正確に計測するのは簡単

ではありませんが、後述するコンジョイント分析やJCSI（日本版顧客満足度指数）データを使う方法などがあります。

　次に述べるように、価格を考える際に自社のコストは当然考える必要がありますが、それは上記の要因を考え戦略的に最適な価格が見えてきた後で考察するという順序が良いでしょう。その際、社員にコスト削減の負荷を押しつけないよう留意しましょう。

3 ›› 価格設定の手法

◆ 環境要因に基づく手法

　価格設定にはさまざまな手法がありますが、ここでは特に、価格設定に大きく影響する3つの環境要因（3C）に基づく、主要な価格設定の手法について見ていきます（図表5-2）。

◆ 価格設定手法は、コスト・需要・競争の3つ

　① Company（自社）要素に基づく「コスト志向の価格設定」

　製造原価や一般管理費といった実際にかかったコストに、目標利益を上乗せして価格を設定する方法です。価格設定が簡単でわかりやすいというメリットがある一方で、顧客のニーズや競争環境が考慮されていないため、独断的な価格設定や、顧客が払ってもいいと考える価格よりも低い価格設定になるなどのリスクがあります。

　② Customer（顧客）要素に基づく「需要志向の価格設定」

　顧客が適正と認める価値（**カスタマー・バリュー**）や、消費者の需要に基づいて価格を決定する方法です。カスタマー・バリューがプライシング可能帯の上限となるため、適切に「売れる価格」を設定し、収益を上げることができます。また、商品やサービスの価値が顧客グループや市場セグメントによって異なることを活用し、需給関係の変化に対応したさまざまな価格を設定することも可能です。シーズンのオン・オフに

よって価格が異なる航空運賃や宿泊施設、曜日や時間帯によって価格が異なる映画館入場券や電車料金などは「**ダイナミックプライシング**」（後述）と呼ばれ、この好例です。

図表 5-2　価格設定の手法

コスト志向	コストプラス価格設定	実際にかかったコストに利益を乗せる。事前にコストがはっきりわからない場合に使う。システム開発、建設などで使われる。
	マークアップ価格設定	最も標準的な価格設定。原価（製品コスト）に一定の利益をマークアップ（上乗せ）する。「価格＝仕入原価／（1−期待利益率）」で決める。流通業などで使われる。
	ターゲット価格設定	想定される事業規模をもとに、目標となる投資収益率が取れるよう価格設定を行う。装置稼働率が課題となる化学業界などで使われる。
需要志向	知覚価値価格設定	市場調査などから売れる価格を発見し、原価がそれよりも高い場合にはそれに原価を近づける。顧客が適切と認める価格（カスタマー・バリュー）がプライシング可能帯の上限となる。
	需要価格設定	市場セグメントごとに価格を変化させる方法。顧客層（ex. 学割）、時間帯（ex. 深夜料金）、レベル（ex. ファーストクラス）などで異なった料金設定とする。
競争志向	入札	価格が売り手と顧客の交渉で決められない場合や、純粋に市場メカニズムによって決まらない場合、入札で最低価格提示者に決める（入札価格下限を設ける場合もある）。
	実勢価格	競合の状況を確認しながら価格づけをする。プライスリーダーのいる業界では、リーダーは2番手以下をにらみながら価格を決め、2番手以下はリーダーを見て価格を決める。少数企業が分散している場合もありうる。

第1部

第5章　マーケティング・ミックスの最適化②：価格

89

③ Competitor（競合）要素に基づく「競争志向の価格設定」

　競合企業による商品やサービスの価格を基準に、価格を設定する方法です。プライスリーダーの価格に合わせて価格設定する場合や、市場シェアを獲得するために敢えて低い価格を設定する場合などがありますが、熾烈な価格競争を引き起こすリスクが高いともいえます。

4 ›› 価格設定のプロセス

◆ ポジション・コスト・需要・競争の組み合わせ

　それでは、商品やサービスの価格を設定するプロセスについて見ていきます。実際に価格設定を行う際には、競争環境や需給関係、売り手と買い手の交渉力といった、価格に影響を与えるさまざまな要因について考慮しながら、これまで見てきた価格設定手法をいくつか組み合わせて価格設定していきます。そして、製造原価や設備投資などの初期コスト回収のみに焦点を当てるのではなく、カスタマー・バリューや需給バランス、競合企業の価格などにも対応したうえで、価格設定をしなければなりません。

　また、自社の業界ポジションや商品・サービスの市場におけるポジションとの整合性も考える必要があります。そこで、価格設定プロセスにおいても「自社、商品・サービスのポジショニング」、「コスト」、「需要」、「競争」の4つの要素を行ったり来たり、スパイラルさせながら進めていきます。つまり、自社の戦略との適合を意識した価格設定が必要ということです。まず、自社が想定するポジショニングに基づいて価格を仮定し、カスタマー・バリューの確認や競合の価格との比較を行ったうえで、製造コストとのすり合わせをするというのが標準的な価格設定のプロセスです。

◆ 価格設定プロセスのスパイラル

①ポジショニングの設定

自社や商品・サービスのポジショニングの明確化

（高級・スタンダード・低価格ポジションなど）

②ターゲット顧客のカスタマー・バリューの要素抽出

商品やサービスを購入する際、顧客はどのような品質要素を考慮するか（信頼性・耐久性・音質・味・回答時間など）

③カスタマー・バリューの要素の優先度

顧客によるカスタマー・バリューの品質要素の優先順位づけ

（その際、できるだけ重要度をパーセント表示などで指数化する。顧客による優先度と社内での想定内容が大きく異なることがあるが、これは時間の移り変わりで顧客層や顧客ニーズが変化したことによる場合が多い）

④競合と自社の比較マッピング

カスタマー・バリューの品質要素の優先度にしたがって、競合と自社の品質や価格をランクづけする

⑤最適価格帯の探索

カスタマー・バリューの品質要素の優先度と価格の組み合わせによって、自社に最適なポジションを探す

⑥コストとのすり合わせ

製造原価や初期コストなど、さまざまなコストとのすり合わせをし、利益を出すことができるかをシミュレーションする

5 » 顧客が認知する価値と価格の整合性

◆ カスタマー・バリューの把握が価格設定のカギ

　価格設定をする際に考慮すべき要因として、**競争環境、需給関係、売り手と買い手の交渉力**について見てきましたが、顧客が認知する価値である「**カスタマー・バリュー**」についても、しっかりと把握しておくことが必要です。企業は、顧客が商品やサービスに対して支払ってもいいと考える適正価格、つまり、カスタマー・バリューを上回る価格を設定することはできません。**したがって、価格設定を行ううえで、カスタマー・バリューを把握することが最も重要だといっても過言ではありません。**

　「我が社はいいモノを作っているんだけど、売れないんだよね」という企業の多くは、**テクニカル・バリュー**とカスタマー・バリューの違いを混同しています。テクニカル・バリューはスペックとして表されることの多い「企業が想定する価値」で、カスタマー・バリューは「顧客が認知する価値」です。技術や品質に自信のある企業ほど、その商品やサービスの良さ（テクニカル・バリュー）を顧客に伝え、納得してもらい、認めてもらわなければ意味がないことを理解しなければなりません。

　それでは実際に、どのようにカスタマー・バリューを把握し、価格設定していくのでしょうか。

　まず、カスタマー・バリューは買い手側の顧客が認める価値ですが、売り手側の企業が積極的に働きかけることによって、カスタマー・バリューを高めていくことは大いに可能です。自社の商品やサービスのテクニカル・バリューが顧客の価値を上げるのか、コストを下げるのかなどを適切に顧客に伝え、その価値を認めてもらうことが重要です。

　また、価格設定の手法でも述べましたが、商品やサービスのカスタマー・バリューは対象となる顧客や市場セグメントによって異なるため、それぞれの状況に適応しながら価格を設定していく必要があります。

◆ カスタマー・バリューと価格設定との関係

カスタマー・バリューと価格設定との関係について、具体的に見ていきましょう（図表5-3）。各図の縦軸はカスタマー・バリューの高低を表し、横軸は実際に販売する価格の高低を表しています。

上下図のマス目3・5・7は、それぞれのレベルでカスタマー・バリューと実売価格が一致している「標準的な価格設定」です。マス目3は、カスタマー・バリューも実売価格も共に高いため、「プレミアム」商品・サービスとなります。この3つのセグメントはそれぞれ、別々のニーズを持つ顧客をターゲットとして棲み分けられます。

マス目2・4・10は、カスタマー・バリューよりも実売価格のほうが低い「割安な価格設定」です。顧客の価格感受性が強い場合や市場シェアの拡大を目指す場合は、このセグメントを狙うのが効果的でしょう。カスタマー・バリューが低い商品やサービスを低価格で販売することと、カスタマー・バリューの高いものを割安で販売することは区別して考えなければなりません。

マス目6・8・11のセグメントは、カスタマー・バリューよりも実売価格が高い「割高な価格設定」によって差別化戦略を図っています。その差別化要因が長く持たない場合は競合に模倣されやすい戦略といえます。競合の追随を規制する要因がなければ、6・8・11のポジションを取る戦略は長期的な戦略としては不向きで、早期に投資を回収する必要があります。逆にいえば、早期に投資回収をするために当初は高価格にして、競合の出現に合わせて価格を下げるという考え方もあるのです。その際、自社の市場でのポジショニングと、カスタマー・バリューとの整合性についてもしっかりと確認することが必要です。

6 » 低価格でシェア獲得か、高価格で利益追求か

価格戦略を考える際には、自社の商品やサービスの対象市場が製品ラ

図表 5-3　カスタマー・バリューと価格の相関図

「2・4・10」は比較的高いカスタマー・バリューを割安に提供するペネトレーション・プライシングの領域。低いカスタマー・バリューを相応の価格で売る「7」とは異なる。

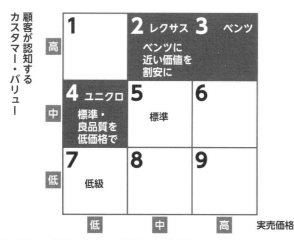

海外企業との競争において、過去の日本企業はカスタマー・バリューからすると割安の価格設定という戦略を取って成功する場合が多かった。自動車の例で考えると、「3」のプレミアムがベンツだとすると、トヨタ自動車のセルシオ（レクサス）はベンツ並みの品質の車を割安な価格で標準品として提供する「2」のポジションにいた。ユニクロも低品質・低価格ではなく、よい品質のものを相対的に安く提供することを打ち出している。

イフサイクルの導入期・成長期・成熟期・衰退期のいずれにあるのかに応じて、適切に価格設定を行う必要があります。特に、新しい商品やサービスを市場に投入する導入期の価格戦略は、企業がどのような優位性を獲得できるかを決定づけるうえでも非常に重要です。

◆ 導入期・成長期の価格戦略

導入期の価格戦略は大きく分けると、積極的に市場シェアを獲得しようとする「**市場浸透価格戦略**」と、早期での資金回収と利益確保を目的とする「**上澄み吸収価格戦略**」の２つがあります（図表5-4）。また、成長期には市場での競争激化による顧客の奪い合いなどが予想されるため、価格調整を行うなどの適切な価格管理が必要となります。

①**市場浸透価格戦略（ペネトレーション・プライシング）**

新しい商品やサービスの早期普及を促し、市場シェアの最大化を目指す価格戦略です。初期コストと同じかそれ以下の低い価格設定で市場に導入し、早い段階で顧客を増やすことで市場シェアを拡大していきます。

低価格設定のため、利益幅を少なくして競合他社の参入意欲を減退させたり、規模の経済を活用しコスト優位性を獲得したりなどのメリットがある一方で、当初はコスト割れが続いたり、資金繰りが厳しくなるなどのリスクもありえます。したがって、大量生産によるコスト低下などで低価格を実現し、初期段階から幅広い需要を見込める価格弾力性が高い商品・サービスや、それらを提供する企業に適した戦略といえます。

②**上澄み吸収価格戦略（スキミング・プライシング）**

商品やサービスの市場導入期に高い価格を設定し、製品開発費などの初期コストを短期間で回収することによって、利益確保を目指す価格戦略です。競合が追随して市場が拡大するのに伴って、価格を低く調整するなどの価格管理を行い、売上の減少を防ぎます。高い価格設定のため、社会的プレステージ性の高い顧客層にアピールし、高い利潤が得られやすいというメリットがある一方で、高い利益率に着目する競合の参入を招きやすいというリスクもあります。したがって、他社とは異なる高い技術や機能、ブランド力などの高い価格に見合った優位性を持ち、特に、

価格弾力性が低いとされる高額所得者層（もしくは差別化戦略を取る企業)をターゲットにした商品やサービスに適した戦略といえるでしょう。

♦ 成熟期・衰退期の価格戦略

　成熟期を迎えると市場の成長スピードは鈍化し、各社一斉に商品やサービスの価格を引き下げるなど、価格競争が中心になります。その中で、ロイヤルカスタマーや高額所得者層などを対象に、敢えて価格を高く設定し、市場シェアが縮小する前に利益を確保する戦略があります。これらの収益を新製品の開発や、新規市場への参入に還元するなど、新たなビジネスへとつなげることも考えられます。

♦ プレミアム価格戦略

　ハリー・ウィンストン、エルメス、ロールスロイス、エビスビール、パナソニックビューティ「プレミアム」などのように、高価格（プレミアム価格）に対応可能な富裕層などのニッチな顧客のみを対象とすることで、高い利潤を獲得する戦略です。プレミアム価格の設定によって上質な顧客層を獲得すると共に、社会的プレステージ性の高いブランド・イメージを確立し、企業の価値を高めていくことができます。厳密にはプレミアムとラグジュアリーには違いがあり、ハリー・ウィンストン、エルメス、ロールスロイスはラグジュアリー、エビスビール、パナソニックビューティ「プレミアム」はプレミアムと仕分けされます。

7 ›› 心理的な価格設定

　消費者の心理的な側面を考慮しながら価格設定を行うことがあります。例えば、製造原価に一定の利益を上乗せして価格設定する「**マークアップ価格設定**」で、5,000 円の価格が妥当と算出された商品があったとします。この商品の価格を 4,980 円とするか、そのまま 5,000 円とするかによって、消費者に与える心理的な印象は意外に大きく異なります。

図表 5-4　新製品導入期の価格戦略

	ペネトレーション・プライシング	スキミング・プライシング
特徴	● **低い価格設定**で製品を導入　初期コストと同じかそれ以下の場合もあり	● **高い価格設定**で製品を導入　競合の追随で市場が拡大すると価格を調整して売上減少を防ぐ
目的	● **市場シェアの獲得**　低価格設定のため利益幅が少なく、競合の参入意欲を減退させ、コスト優位性を獲得	● **早期の資金回収による利益確保**　高価格設定で初期コストを短期間で回収
期待効果	● **早期に顧客を増加し、高い市場シェア**を獲得することで単位コストを劇的に下げる ● 最終的に**高い売上と利益率**を実現し、**広範に認知されたブランド**となる	● 高価格設定のため、短期で高利潤 ● **社会的プレステージ性の高い**顧客層にアピールし、ブランド力を構築
前提	● **初期段階から広い需要がある**潜在市場 ● **価格弾力性が高い**商品やサービス ● **規模の経済**または、**経験効果**が効く	● 高い技術や機能など**製品の差異化が大きい市場を対象**（一時的であっても） ● **価格弾力性が低く**、需要が価格の高低に左右されにくい
リスク	● 期待通りに原価が下がるとは限らないため、**当初はコスト割れ**も ● **設備投資や資金繰りが厳しい可能性**	● 高い利益率に着目する**競合の参入を招きやすい** ● **高価格を支えるコスト**がかかる
例	音楽ストリーミングサービス「スポティファイ」や動画配信サービス「ニコニコ動画」、料理レシピコミュニティ「クックパッド」などの**フリーミアムモデル**（後述）は、最初は無料で基本サービスを提供し、後に有料課金化へ移行	米自動車メーカーの**テスラ社**は、他社に先駆けて、スポーツカー仕様で高価格の電気自動車を市場に投入し、"高級""スポーツカー"タイプの電気自動車メーカーとしての地位を築いた

心理的価格設定では、消費者の心理を予測して価格設定や調整を行い、商品・サービスの品質や価値を高めていきます。ここでは、心理的な価格設定として、「端数価格」、「威信価格」、「値ごろ価格」、「慣習価格」の４つの手法について見ていきます。

◆ 端数価格

「99 円」や「2,980 円」のように、「8」や「9」の数字を伴った価格を日常至るところで目にします。**100 円と 99 円では実質 1 円しか違いませんが、消費者にとっては 99 円のほうが「1 円以上に」安く感じます。**同様に、上述の例に挙げた 4,980 円と 5,000 円とでは、こちらも実質上の違いはわずか 20 円ですが、消費者に与える印象は 4 千円台か、5 千円台かという違いによって、大きく異なってきます。このように、端数価格は消費者に対して安価なイメージを印象づける手法として、スーパーマーケットや衣料品店などの小売店をはじめ、幅広い商品やサービス分野で活用されています。

◆ 威信価格

商品・サービスの品質や社会的プレステージ性の高さを印象づけるために、**意図的に高い価格を設定する手法です。**一般的に、「低価格のものは品質も低く、高価格のものは品質も高い」と捉える傾向にある消費者の心理を活用し、商品やサービスの価値を高めるのが狙いです。ラグジュアリー・ブランドや外資系高級ホテルなどのように、高品質な商品やサービスを提供する企業に適した手法といえるでしょう。

◆ 値ごろ価格

消費者があるカテゴリーの新しい商品やサービスの購入を検討する際、「この程度の価格なら納得」と考える価格帯が存在します。この判断の基準となる価格帯のことを「**値ごろ価格**」または、「**内的参照価格**」といいます。例えば、消費者の心の中にある「値ごろ価格」よりも実際の価格のほうが高い場合、消費者はその商品を高いと決定づけ、購入し

ないという判断を下すことになるため、消費者の値ごろ価格帯の範囲内で適切に価格設定していく必要があります。また、値ごろ価格は消費者の心の中にすでに存在するものですが、日々新しい情報を得るたびに変動するため、商品やサービスのカテゴリーにおける消費者の値ごろ価格をしっかりと把握しておくことが重要です。

◆ 慣習価格

　一方で、消費者の心の中にある値ごろ価格が長期にわたり変動せず、一定の水準で固定化された価格を**慣習価格**といいます。例えば、自動販売機で販売されている飲料水は、缶入り、ペットボトルのどちらも現在、130円が慣習価格となっています。いったん慣習価格が定着すると、消費者はより低価格のものを求めるような購買行動を起こさないため、慣習価格よりも低い価格設定をしてもあまり需要は伸びません。それとは逆に、慣習価格よりも高い価格を設定すると、需要が著しく低下するなど、消費者からの抵抗にあうというリスクがあります。したがって、慣習価格の商品やサービスは、生産コストの上昇といったさまざまな環境変化にうまく対応しながら、価格を一定に保つ努力が必要となります。

8» プライシングモデル①：フリーミアムモデルとフリー戦略

◆ ユーザー間のサヤ取りをするフリーミアムモデル

　デジタル・テクノロジーの飛躍的な革新と、インターネットをはじめとするICTの進展によって、デジタル化が可能なモノのコストが限りなく"無料"に近づきつつあります。このデジタル化隆盛の波を受け、2000年以降、急速に広まったのが「**フリーミアムモデル**」です。

　フリーミアムモデルは、特定の商品やサービスを「無料」で提供することによって収益を上げる「**フリー戦略（ビジネス）**」の1つで、基本

的な商品やサービスを「無料」で多数のユーザーに提供し、高機能や高品質を付加した商品・サービスを「有料」で利用する一部のユーザーから収益を得る手法です（図表5-5）。「フリーミアム」という用語は、「フリー（無料）」と「プレミアム（割増金）」を合わせた造語で、米国のベンチャー投資家フレッド・ウィルソンによって提唱され、その後、米雑誌『WIRED』の編集長（当時）クリス・アンダーソンによる著書『フリー：〈無料〉からお金を生みだす新戦略』がベストセラーになったことから、世界的に普及しました。

◆ その他のフリー戦略3種

　フリー戦略にはフリーミアムモデルの他に、①直接的内部相互補助モデル、②三者間市場モデル、③非貨幣市場モデルなどがあります。まず、①**直接的内部相互補助モデル**は、特定の商品やサービスを販売するために他の商品などを無料にする手法で、「靴下を1足買えば、2足目は無料」や、「飲食店などで、1杯目のドリンク代が無料」などが相当します。また、②**三者間市場モデル**は、商品・サービスの提供者と利用者以外の第三者が費用を負担することで無料が実現するもので、「広告モデル」が代表例です。私たちがテレビやラジオ、フリーペーパー、インターネット検索などを無料で利用できるのは、これらのメディアや企業に出稿している広告主の存在があるからです。そして、③**非貨幣市場モデル**は、社会からの注目や評価、自己実現や承認欲求、社会貢献といった金銭以外のものをインセンティブとして無料で提供されるモデルで、ウィキペディアへの投稿やアマゾンのレビューなどが例として挙げられます。このように、フリー戦略には消費者の購買ハードルを下げたり、継続的な利用を促したりすることによって、商品やサービスへの信頼感を醸成し、ブランド・ロイヤリティを向上させるなどの効果があります。その反面、特定の商品やサービスを無料で提供するために、別のところではさまざまなコストが費やされています。先に例に挙げた靴下の製造費やサービス・ドリンクの生産費、人件費や広告費などのコストは、無料で商品やサービスを提供するたびに発生するため、これらのコストを継続的に回

収していく必要があります。

◆ ICT・デジタル化と親和性の高いフリーミアムモデル

一方、フリーミアムモデルは、デジタル技術やICTとの親和性の高さから、上記①②③モデルのコストを限りなくゼロに近づけながら無料で商品やサービスを提供し、収益を上げることができる手法です。例えば、音楽配信サービスの楽曲データやオンラインゲームのアプリのように、デジタル化されたデータを複製するコストはほぼゼロに近く、購入者や利用者がどれだけ増えてもコストはほとんど上がりません。したがって、主にインターネットを介し、デジタルデータ化された商品やサービスを多数の消費者に提供するような企業がフリーミアムモデルを活用しており、スウェーデン発の音楽ストリーミングサービス「スポティファイ」や、米オンラインストレージサービスの「ドロップボックス」、日本発の動画配信サービス「ニコニコ動画」や料理レシピ・コミュニティ「クックパッド」などが代表例として挙げられます。

◆ フリーミアムモデルの例：「スポティファイ」

それでは、フリーミアムモデルの具体的な活用方法について、世界最大手の音楽ストリーミングサービス「スポティファイ」を例に見ていきましょう（図表5-6）。

2006年にスウェーデンで設立され、2008年からサービスを開始したスポティファイは、2019年1月現在、世界78か国で展開され、約2億人のアクティブ・ユーザー（登録会員）を対象に4,000万曲を超える楽曲を提供しています。スポティファイには、広告つきで一部機能に制限がある無料の「フリープラン」と、すべての機能を広告なしで楽しめる有料の「プレミアムプラン」（2019年8月現在、日本では月額980円）があり、有料会員数は全世界で約1億人弱ともいわれています。スポティファイは、無料かつ合法で音楽を聴き放題の「フリープラン」を提供し、その後、一部のユーザーが高音質やオフライン再生可能といった高品質・高機能サービスを付加した「プレミアムプラン」へと移行していきます。

つまり、まずは無料で基本的なサービスを提供し、多数のユーザーを獲得したうえで、一部のユーザーに有料サービスを利用してもらうことによって、全体的な収益を上げているのです。

　スポティファイで取り扱われるコンテンツは基本的にデジタル化されたものがほとんどで、ユーザーとのやり取りもインターネットを介していることから、あらゆる局面でのコストカットが考えられます。また、「無料」を活用することによって消費者の購買・利用ハードルを劇的に下げ、多数のユーザーを獲得しやすいというメリットもあります。その一方で、ユーザーが無料会員のままでは利益が生み出されることはなく、また、無料会員から有料会員への移行については完全にユーザーの意思に委ねられているというリスクもあります。したがって、無料会員を獲得するための施策だけでなく、ユーザーを無料会員から有料会員へとシフトさせるような無料会員と有料会員とのサービス差を継続的に提供し、顧客との持続的かつ良好な関係を構築していくことが重要となります。

9 ›› プライシングモデル②：サブスクリプションモデル

◆ 顧客の所有意識の変化（所有から利用へ）

　前項において述べた"デジタル化の波"は、デジタル化されたモノやサービスのコストを限りなく無料に近づけただけでなく、人々の消費スタイルや価値観にも大きな変化をもたらしました。**「モノを購入して所有する」という従来の消費スタイルは、「モノを利用して共有する」という形へ移行しつつあります**。実際に、スポティファイなどの音楽ストリーミングサービスの登場によって、これまでの「CDを購入して所有し、音楽を楽しむ」という消費スタイルはもはや過去のものとなり、「音楽配信サービスにアクセスして利用し、音楽を楽しむ」形が主流となっています。そして現在、このような流れはデジタルコンテンツやデジタルサービスのみならず、自動車や食料品、アパレル、家具などの有形財

図表 5-5　フリーミアムモデル成立の仕組み

フリーミアムモデル＝フリー会員数＞プレミアム会員数で成立

――――― 無料で利用 ―――――　→ 有料で利用

図表 5-6　音楽ストリーミングサービス「スポティファイ」のフリーミアムモデル

	フリー（無料）会員	プレミアム（有料）会員
月額料金	無料（0円）	有料 ・一般プラン：980円 ・ファミリープラン： 　1,480円（最大6人まで） ・学割プラン：480円
聴取可能時間	一部制限あり	無制限
聴取可能楽曲数	無制限	無制限
広告再生・表示	あり	なし
音質	標準音質	高音質
再生方法・ 再生可能デバイス	・全曲フル尺再生（パソコン・ 　タブレット） ・シャッフル再生（スマート 　フォン） など	すべての再生方法・デバイス 対応可能 ・全曲フル尺再生 ・シャッフル再生 ・オンデマンド再生　など
ダウンロード （オフライン再生） 機能	なし	あり （5デバイス、最大各1万曲 までダウンロード可能）
スキップ機能	1時間に6回まで	無制限

出典：スポティファイ・オフィシャルサイトをもとに作成（2019年8月時点・日本）

にまで拡大しています。その背景には、新しい製品やサービスが次々と
誕生し、モノや情報があふれる中で、現在の消費者は「モノを購入して

103

所有する」ことにこだわらず、むしろ、経済的かつ効率的に「モノを利用する」ようになったことがあります。近年、モノやサービス、場所などを多くの人と共有したり交換したりする「シェアリング・エコノミー」が大きな潮流となっていますが、こうした消費者の意識の変化が後押ししていると考えられます。

◆ サブスクリプションモデルとは

　このように、顧客の意識や消費スタイルが「所有」から「利用」へと移行する中で注目を浴びているのが、「**サブスクリプションモデル(以下、サブスクリプション)**」と呼ばれる収益化モデルです。**サブスクリプション**（subscription）は、「定期購読」や「定額制」などの意味を持つ用語で、顧客やユーザーと一定期間の利用契約を結び、月額または年額で一定の利用料を課金する手法です。現在、世界を席巻中の動画配信サービス「ネットフリックス」や、音楽ストリーミングサービスの「スポティファイ」をはじめ、マイクロソフト社による「オフィス365」やソニーのオンライン・ゲームサービス「プレイステーション プラス」など、新旧さまざまなデジタルサービスがサブスクリプションを活用し、ビジネスを急拡大させたことから、企業の収益を最大化させる新たなビジネス手法として、大きな期待を集めています。

　実は、サブスクリプションは昔から存在し、私たちのごく身近にあるマネタイズ（収益化モデル）の手法で、古くは新聞や雑誌の定期購読をはじめ、電車の定期券や賃貸住宅、携帯電話、最近では民泊などが相当します。海外では新聞は都度購入することが主流のため、日本の新聞定期購読システムは世界で最も成功したサブスクリプションモデルでした。

　これらのサブスクリプションには、顧客が利用した分に応じて課金する「**従量制課金**」と、一定の利用期間に対して課金する「**定額制課金**」とがあり、例えば、必要な時にだけ自動車を借りて利用する「カーシェアリング」などのシェアリングサービスの多くは、従量制課金型といえます。ユーザーはサービス会社に登録したうえで必要に応じて利用し、利用した分だけ支払えばよいため、保険や車検、駐車場の確保といった

面倒から解放されるというメリットを享受します。他方、企業側から見れば、企業の収益が顧客やユーザーの利用量に左右されるにもかかわらず、利用するかどうかはすべて、顧客らの意思に委ねられているというリスクがあります。一方、定額制課金型は、たとえユーザーが登録後に全く利用しなかったとしても、契約した料金を支払う義務はありますが、頻繁に利用するユーザーにとっては、契約期間内にどれだけ利用しても支払う料金は一定という大きなメリットがあります。また、企業側にとっては、顧客から継続的に一定の料金を徴収することができるため、長期的かつ安定的な収益基盤を確保できるという利点があります。

◆ 「モノのサブスクリプション」と「デジタルのサブスクリプション」

現在、多くの企業が活用しようと取り組んでいるのが、この定額制課金型サブスクリプションです。近年は大別すると、「**モノのサブスクリプション**」と「**デジタルのサブスクリプション**」の2つのタイプが展開され、それぞれ個人向けサービス（B2C）と法人向けサービス（B2B）がありますが、特に個人向けのデジタル・サブスクリプションが隆盛を極めています。

モノ・サブスクリプションは、顧客やユーザーに一定期間、定額で有形財としてのモノを提供するサービスで、近年、急拡大の傾向にあります。特に、これまで購入するには躊躇するような高額商品や、使用する頻度が低い製品などを手ごろな定額料金で提供する企業が増加し、購入するよりも堅実に利用しようとする消費者の意識と合致しています。例えば、大手家電メーカーのダイソン社は2018年、月額1,000円から2,500円程度でさまざまなダイソン社の製品を利用できる「ダイソン テクノロジー プラス」を開始し、また、ロボット掃除機「ルンバ」でおなじみのアイロボットジャパンは、2019年6月から月額1,200円でルンバを利用し放題のサービスをスタートさせました。さらに、日本が誇る大手自動車メーカーのトヨタ自動車も、競合他社に先駆けて2019年2月、定額制サービス「KINTO」を開始しています。

他にも、定額で一定数の洋服やコスメ、アクセサリーなどを利用でき

るアパレル関連のサービスや、ソファやテーブルなどの家具を定額利用できるサービス、月額定額で食事を提供する居酒屋やコーヒーショップ、高級フレンチ店といった外食産業も参入するなど、モノ・サブスクリプションを活用する企業や産業は多岐にわたります。

　一方、デジタル・サブスクリプションは、顧客やユーザーに一定期間、月額や年額などの定額でデジタルコンテンツやデジタルサービスを提供するもので、先に例に挙げた「ネットフリックス」やスポーツ専門の動画配信サービス「DAZN（ダゾーン）」、音楽ストリーミングサービスの「スポティファイ」や「アップルミュージック」、電子書籍配信サービスの「アマゾン・キンドルアンリミテッド」などが代表例です。これらのデジタル・サブスクリプションで取り扱うのはすべて"デジタル"で、顧客やユーザーはモノを所有する必要がないことから、先に述べた消費スタイルの変化や顧客のニーズに適応したサービスであるといえるでしょう。

◆ デジタル・サブスクリプションとネットフリックス

　それでは、デジタル・サブスクリプションの仕組みについて、ネットフリックスを事例に詳しく見ていきましょう。

　1997年、米国で創業したネットフリックスは従来、DVDの宅配レンタルビジネスを展開していましたが、1999年には早くも定額制プランを導入します。その後、2007年に動画配信サービス市場に参入し、DVDレンタルビジネス時代に築いたサブスクリプションに関するノウハウを動画配信ビジネスへと適用させました。2011年には本格的に海外進出を果たし、2019年1月現在、世界190か国以上で展開し、有料会員数は全世界で約1億4,000万人を超えるとされています。

　ネットフリックスは主に映画やテレビドラマ、アニメ、ドキュメンタリー作品などの映像コンテンツをユーザー（有料会員）に対し、インターネットを介して提供しています。ユーザーは、①ベーシックプラン（月額800円）、②スタンダードプラン（月額1,200円）、③プレミアムプラン（月額1,800円）の3つの定額制プラン（月額料金は2019年1月時点）の中から、同時視聴可能なデバイスの数や画質にあわせて選択するとい

う仕組みになっています。

このように、ネットフリックスが急拡大した要因としては、やはり定額制プランが手ごろな価格で設定されていることが挙げられます。映画館の入場料やDVDレンタル1本当たりの料金を考えれば、月額1,000円程度という価格は値ごろ価格の範囲内におさまっているといえるでしょう。また、映画好きなユーザーにとっては、コンテンツを"観れば観るほど得をする"という定額制ならではの仕組みも後押しとなっていると考えられます。さらに、映画館に行ったり、DVDの貸出や返却に出かけたりする手間やコストもかからず、好きな時に好きなだけ楽しめるというメリットもあります。

もちろん、デジタル・サブスクリプションは、ネットフリックス側にも多大なメリットをもたらしています。まず、長期的かつ安定的な収益構造を確保できるという利点があります。毎月、確実に月額料×有料会員数の収益を得られるため、将来のビジネス展開を見据えた中長期的な経営戦略を策定しやすくなります。次に、デジタル化されたコンテンツやサービスを取り扱うことから、コンテンツの更新などに大幅なコストを費やすことなく、常に最新のサービスをユーザーに提供していくことが可能となります。そして最後に、常にユーザーと"つながる"ことができるため、ネットフリックスのロイヤルカスタマーへと移行させる確率が高いということが挙げられます。例えば、顧客（有料会員）データ

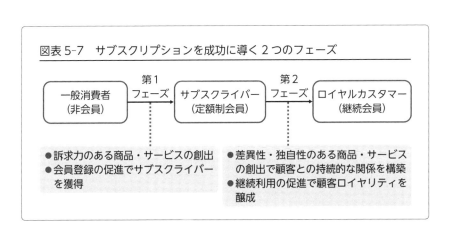

図表5-7　サブスクリプションを成功に導く2つのフェーズ

一般消費者
（非会員）

第1
フェーズ

サブスクライバー
（定額制会員）

第2
フェーズ

ロイヤルカスタマー
（継続会員）

● 訴求力のある商品・サービスの創出
● 会員登録の促進でサブスクライバーを獲得

● 差異性・独自性のある商品・サービスの創出で顧客との持続的な関係を構築
● 継続利用の促進で顧客ロイヤリティを醸成

を活用してレコメンデーションを行うなど、ユーザーの満足度を高めたり、顧客を囲い込んだりすることで、ロイヤルカスタマーの獲得につながると考えられます。

　一方で、デジタル・サブスクリプションならではのリスクもあります。ネットフリックスなどのデジタル・サブスクリプションは、ユーザーにとっては手軽に始められるというメリットがありますが、裏返せば、「すぐに解約できる」、「競合他社に乗り換えやすい」ということを意味します。したがって、コンテンツ数や価格設定、利便性などで競合他社と差別化を図りながら、顧客を満足させるようなコンテンツやサービスを継続して提供していくことが重要です（図表5-7）。

10 ›› プライシングモデル③：ダイナミックプライシング

◆ 状況変化対応型のダイナミックプライシング

　近年、社会経済が急速にグローバル化し、消費者の需要が日々刻々と変化するなかで、これまで以上に顧客のニーズに柔軟に対応した価格マネジメントが必要とされています。そこで現在、注目を集めているのが、需要と供給の状況に応じて価格を変動させる、「**ダイナミックプライシング**」と呼ばれる価格設定の手法です。

　ダイナミックプライシングは商品やサービス、市場景気、天候、個人の嗜好といった、さまざまな情報やビッグデータを分析し、消費者の需要を予測しながら価格の上げ下げを行う仕組みです。これまでにも、当初設定した価格を買い手のタイプや需要の変動に応じて変更する「価格調整」や、ターゲット顧客ごとに異なる価格を設定する「差別価格」といった価格設定手法はありました。例えば、「季節割引」は、季節ごとの需要変動に合わせて価格を調整するもので、ホテル・旅館の宿泊料金や航空運賃などの価格設定が繁忙期（オン・シーズン）と閑散期（オフ・シー

ズン）とで異なる手法です。需要の季節変動が激しい観光・ホスピタリティ業界などでよく行われています。また、映画館の入場券や電車料金などが曜日や時間帯、年齢層などによって異なる場合がありますが、これはターゲット顧客によって価格を変動させる「差別価格」と呼ばれる手法で、顧客に継続的な購買を促すことで、商品やサービスへのロイヤリティを高めることにつながるとされ、幅広い産業で活用されています。

◆ AIとデジタルを活用してニーズの変化に対応

それでは、ダイナミックプライシングはこれまでの価格設定手法と比べ、どう異なるのでしょうか。従来の手法は料金調整システムを利用し、手動で価格調整を行うことが多かったのですが、**現在のダイナミックプライシングは AI（人工知能）を導入することによって、インターネット上で集積したビッグデータをリアルタイムで解析し、瞬時に最適価格を算出することが最大の特徴となっています**。AI を活用することで複雑かつ、膨大なビッグデータを正確に分析し、さらにディープラーニング（深層学習）によって、解析データの精度を高めていくことも可能となるため、顧客ニーズへの即応と収益の最大化を実現する価格設定の新たな手法として、大いに期待されています。

米国ではアマゾンやウォルマート、タクシー配車サービスのウーバーなど、さまざまな企業がダイナミックプライシングを導入していますが、その中でもいち早くダイナミックプライシングを取り入れたのが米国のスポーツ業界です。現在、北米の４大プロスポーツリーグである NFL（ナショナル・フットボール・リーグ）、MLB（メジャー・リーグ・ベースボール）、NBA（ナショナル・バスケットボール・アソシエーション）、NHL（ナショナル・ホッケー・リーグ）では実際に、ダイナミックプライシングによって価格設定されたチケットが販売されています。例えば、MLB の野球の試合を例に挙げると、ニューヨーク・ヤンキース対ボストン・レッドソックスなどの人気の対戦カードかどうかや、試合の開催時期、曜日、開催時刻、天候、観覧席の場所（席種）、出場選手、過去の対戦成績など、試合に関するあらゆる要素を数値化したうえで分

析し、顧客にとっての価値（カスタマー・バリュー）と企業の利益が最大化するような価格を決定します。したがって、同じ試合のチケットを取ってみても、マウンドに近い座席とスタンド後方席とでは価格が大きく異なったり、需要が低ければ試合日が近づくにつれて価格が下がったり、また、試合が始まったら劇的に価格を下げて販売するということもあります。このように、需要の変化にあわせて価格をダイナミックかつ、リアルタイムで変動させることによって、顧客の購買意欲を刺激し、収益を最大化させていくのがダイナミックプライシングなのです。

◆ 日本のダイナミックプライシング

　日本では、2017年に東北楽天ゴールデンイーグルス、2018年に横浜F・マリノス、2019年には福岡ソフトバンクホークスがそれぞれのホーム試合の価格設定にダイナミックプライシングを活用するなど、プロ野球やサッカーＪリーグを中心に、ダイナミックプライシングの導入が少しずつ本格化しています。また、ダイナミックプライシングは近年、社会的な問題となっている、音楽コンサートやスポーツ観戦などの「チケット高額不正転売問題」を抑止する手法としても大いに期待を集めています。ダイナミックプライシングを活用することによって、需要の変化に適応しながら券種や価格帯を大幅に増やすことができれば、顧客の価値に見合った適切な価格でチケットを提供することが可能となります。その結果、顧客のニーズや価値の多様化に柔軟に対応するだけでなく、これまで以上に顧客を獲得し、収益を最大化させることにつながる可能性があります。ただし、行きすぎると“足元を見ている”と思われ、ロイヤリティが下がるリスクもあります。

第 6 章

マーケティング・ミックスの最適化③：流通チャネル

●流通チャネルは会社と消費者をつなぐ重要な接点。流通チャネル戦略では、企業独自の販売網や販売代理店・卸業者・ディーラー・小売業者などの外部業者を含むさまざまなチャネルを、どのように組み合わせるのがコストと効果の点から最適か、ということを考える。

●流通チャネルの構築には時間とコストがかかり、変更も簡単ではない。またチャネル間での統制も必要となる。ゆえに、流通チャネル戦略は長期的な観点で慎重に立てる。

●チャネル構築も顧客の期待値と自社の収益性と競争の3点で考察する。顧客の望むサービス水準を考えるには次の5つの要素を検討する。

　①ロット（注文単位）の大きさ：顧客が1回に買い物をする量
　②待ち時間：顧客が製品を受け取るまでの待ち時間
　③物理的利便性：顧客からのアクセスのよさと、買い物のしやすさ
　④製品選択の多様性：チャネルが提供する品揃えの幅
　⑤付帯サービス：取りつけ・修繕など販売以外に提供するサービス

●オムニチャネル（オムニチャネル小売り、Omni-Channel Retailing）は、複数の販売チャネルを活用しリアル店舗とインターネット販売の境界を融解させ、相互を行き来できる販売方式を指す。

1 ›› モノを流す以外のさまざまな機能

◆ 流通チャネルの構築は慎重に

流通チャネルにはいろいろな役割があり、メーカーと消費者をさまざまなかたちでつないでいます。流通チャネル戦略とは、企業独自の販売網や販売代理店・卸業者・ディーラー・小売業者などの外部業者を含むさまざまなチャネルを、どのように組み合わせるのがコストと効果の点から最適か、ということを考えることです。流通チャネルの構築には時

間とコストがかかるばかりでなく、いったん構築すると変更しにくい場合が多く、またチャネル間での統制も必要となり労力もかかります。このような意味において、流通チャネル戦略は長期的な観点で慎重に立てなければなりません。

◆ 外部流通チャネルを活用する意味

メーカーが流通チャネルとして外部業者を仲介に使うのはなぜでしょう？　外部業者が入ることにより消費者との接点は間接的になりますがいくつかの利点があります。その利点の1つは、仲介業者はその専門性・経験・事業規模などによって**効率的かつ円滑に製品をターゲット顧客に広く行き渡らせることができること**です。そして、もう1つの利点は、**商取引回数を減らせることです**。卸売業などの中間業者がいなければメーカーの末端小売業者との総取引回数は膨大なものになってしまいます。流通チャネルが果たす機能としては、図表6-1にあるような5つの機能が考えられます。**これらチャネルの機能で忘れてはならないのは、チャネルは「企業から顧客へ」という一方通行だけでなく、「顧客から企業へ」という逆方向のフローも担っていることです**。

流通に期待される機能は、製品の特性でも変わります。例えば、自動車は高度な製品説明（情報流通）やアフターケア（サービス）が求められるため、外部ではなくコントロールの効く自社チャネルを通じて販売されます。高機能・高価格の化粧品は商品説明のみならず、そのイメージ作り（情報流通）や組み合わせ展開（サービス）も重視し専門の販売員のおける百貨店や直営店で販売されることが多いですが、同じ化粧品であっても、顧客が自ら選びやすい（セルフ方式）安価な汎用化粧品はコンビニエンスストアやドラッグストアで売られています。

◆ チャネルの設計

次にチャネルの設計方法を見てみましょう。　まずはターゲット顧客に必要なサービス水準を把握し、自社資源（コスト）と製品特性を考慮に入れて、チャネルの長さ、チャネルの幅（仲介業者の数）を特定し、

図表 6-1　チャネルの機能

化粧品チャネルの例

		1 **所有権流通**	2 **物的流通**	3 **情報流通・販売促進**	4 **金融およびリスク負担**	5 **サービス**
	チャネルの機能	●モノの所有権が移転していく機能（所有のギャップを埋める）	●モノが実際に輸送されていく機能（場所的ギャップを埋める） ●必要に応じてモノを保管する機能（時間的ギャップを埋める）	●情報収集・伝達機能（見込み客・既存顧客・競合他社などの環境要因に関する情報を収集し、メーカーにフィードバックする） ●交渉機能（顧客と価格・サービス条件などを交渉する）	●金融機能（売上回収、在庫保有に必要な資金の調達と分配） ●危険負担機能（在庫リスクを負担）	●販売後のメンテナンスなど
チャネル	百貨店	○	○	◎	―	○
	量販店	○	○	―	―	―
	専門店	○	○	◎	―	◎
	ドラッグストア	○	○	―	―	―
	コンビニ	○	○	△	―	―
	通販	○	○ （宅配）	○	○	△

取引条件と責任を明確にします。

◆ 顧客の望むサービス水準を考える

消費者が商品やサービスを購人するときにどのようなサービスを期待しているでしょう？　チャネル設計をする上でまず、どのような販売接点をもつべきなのかから考えることが重要です。その商品やサービスの顧客となる消費者の望むサービス水準を考えるには次の5つの要素を検討します（図表6-2）。

①**ロット（注文単位）の大きさ**：顧客が1回に買い物をする量はどれ位か

②**待ち時間**：顧客が製品を受け取るまでの待ち時間はどれ位許容されるか

③**物理的利便性**：顧客からのアクセスのよさと、買い物のしやすさ

④**製品選択の多様性**：チャネルが提供する品揃えの幅はどれ位が適切か

⑤**付帯サービス**：取りつけ・修繕など販売以外に提供すべきサービスはあるか

これらの要素は互いにトレードオフ（どれかを重要視すればほかの要素は多少我慢できる）の関係にある場合もあります。例えば、地理的な網羅性を高めると、一拠点あたりの品揃えは少なくなったり、流通の長さが必要となる、といった具合です。しかし、利便性の高い場所で買えるのであれば、品揃えが少なく割高でもよいと考える消費者がコンビニエンスストアを支えてきたといってよいでしょう。

◆ チャネル候補は具体的に特定する

ターゲット顧客を把握し目的を定め、自社のコストを確認したら、それにあったチャネルの長さや幅、開放度・展開地域を考えます。その後、チャネル候補を特定します。このプロセスもスパイラルに考えます。最初はチャネルプレイヤーのタイプで候補を考えてもよいですが、後段では具体名でチャネル候補を入れていきます。海外から日本に参入してきたチョコレート小売メーカーなら、卸売業者としては酒類卸や食品卸

などがあるでしょうし、小売でも高級なブランド感を創出したいなら高級百貨店・高級ホテル、ネットワークを広げたいならスーパー、コンビニエンスストアなどのチャネルが想定されます。

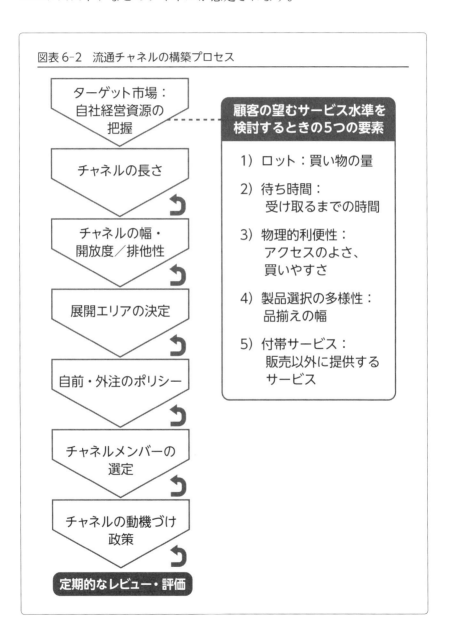

図表6-2　流通チャネルの構築プロセス

ターゲット市場：
自社経営資源の
把握

チャネルの長さ

チャネルの幅・
開放度／排他性

展開エリアの決定

自前・外注のポリシー

チャネルメンバーの
選定

チャネルの動機づけ
政策

定期的なレビュー・評価

顧客の望むサービス水準を
検討するときの5つの要素

1）ロット：買い物の量

2）待ち時間：
　　受け取るまでの時間

3）物理的利便性：
　　アクセスのよさ、
　　買いやすさ

4）製品選択の多様性：
　　品揃えの幅

5）付帯サービス：
　　販売以外に提供する
　　サービス

2 »チャネルの種類①：自社か独立か

チャネル戦略を考える際には、流通チャネルの種類とその特徴も知っておくべきです。まずはチャネルには自社チャネル・独立チャネルという区分け方法と、小売・卸という区分け方法があります。

自社でチャネルを構築するか、既存の独立チャネルを活用するかは非常に大きな意思決定です（図表6-3）。

①自社チャネル：メーカーの立場から見た自社流通組織のメリットはコントロールが効きやすい点です。松下（現　パナソニック）グループの販売力の源泉は自社で築き上げた「ナショナルショップ」でした。問題はチャネルの構築コストと維持コストが膨大になることや、販売チャネルが陳腐化した場合に切り替えることが難しくなることです。また、デジタル化の流れを受け、自社でECチャネルを運営するなど、直販チャネルを持つ企業が増えています。

②独立チャネル：メーカーから見ると、既存の独立流通組織を活用する場合、自社チャネルよりもコントロールが効きにくいですが、構築・維持コストは格段に安くなります。海外から参入した消費財メーカーなどはネットワークを確立した独立チャネル（専門卸など）を活用して低コストで広範に製品を行き渡らせることができます。

③自社・独立混合型：自前の流通組織と、独立系流通組織を組み合わせて流通チャネルを構築する例もよく見かけます。双方のよいところを組み合わせることができそうに思えますが、チャネル間の摩擦をどう回避するかをしっかり考えておく必要があります。「地域・商品種類・客先ごとに部門を分けてすみ分ける」というのがよくとられる手法です。ただし、これは消費者がひとつのチャネルで購買する習慣が確立されているという前提の下に成り立つ摩擦の回避方法でした。消費行動もデジタル化の影響を受け、消費者は複数のチャネルを行き来しながら消費するようになっています。チャネル間でのイメージの統一、価格の統制、サービスの一貫性などについても、考える必要があります。

図表 6-3　自社チャネルと独立チャネル

自社チャネルが中心 （例：本田技研工業）	独立型 （例：ユニリーバ）

自動車メーカーは手厚い説明、カスタマイズした販売が必要なことなどから自社チャネルが中心。環境変化、必要に応じてチャネルの変更を行うことができる	消費財の大手メーカー。販売部門は小売の特性に合わせ卸チャネルを活用し、混合チャネルで構成される。

- 元々のホンダの国内販売チャネルは、
  - プリモ系列：軽自動車
  - ベルノ系：スポーティ車
  - クリオ系：高級車
  を中心に専売していた

- 国内需要の成長が低下し、販売台数の多い軽自動車、スモールカー、ミニバンを 3 系列併売するニーズが高まっていった

- 2006年から、3系列で国内全モデルを完全併売として販売チャネルを事実上一本化。店舗表記も「Honda Cars」へ

- （独立チャネル）スーパー・GMS（総合スーパー）・ドラッグストア・CVS（コンビニエンスストア）営業部：小売のタイプ別に部門を置き、新製品投入の時期や、年間のキャンペーンにあわせて、効果的な商品展示や販促の提案など「売り場そのものの活性化」を提案する。

- 卸営業部：広範囲の配荷を可能とする消費財専門卸へのルート営業を行う

3 » チャネルの種類②：卸売業者と小売業者

♦ 卸売業者はメーカーと小売の双方をつなぐハブ

　多数のメーカーと多数の買い手の間に立って効率的に取引を仲介するのが**卸売業者**です。流通経済全体でメーカーと小売の情報を入手できる立場にいるので、両者への指導や助言が可能なのです。こうした位置づけや歴史的背景から、日本では全国大手・地域大手の卸売り業者が流通プロセス上で絶大な力をもっていました。

　日本の卸業者は店舗基準で 22 万か所と膨大な数にのぼります（図表 6-4）。産業全体に占める構成は徐々に減少していますが、依然として膨大です（25％程度）。その多くは零細業者ですが、卸業者の販売総額は小売業者の約 2 倍以上もあり、卸業者が多過ぎる、流通が複雑過ぎるといった意見もあります。

　近年は世界的にみても大手小売業者の力が大きくなっており、卸業者は経営合理化・統合を進めています。日本の大手卸売業者の物的流通機能・金融仲介機能は世界でもトップクラスといわれており、EC 取引の普及が進んだ現在においても、その重要性は再認識されています。

♦ 小売業者は消費者との重要な接点

　EC 販売や通信販売が拡大してきたとはいえ、物理的に最終消費者と直接接することができる小売業者は重要な存在です。小売業者に求められる重要な要素は集客力と販売力です。メーカーは集客力のある小売と契約するだけではなく、自社製品がどの店舗にどのように配置されるかまで留意しなくてはなりません。

　消費者の周りで店舗を構えているのが小売業者の強みの 1 つです。日本の小売業者の数は 40 万か所以上あり、そのうち 4 名未満で営業している小規模零細（パパママ）店舗がその半数を占めています。小売業者も生産性の低さ、数の過剰の問題を指摘されており、大規模小売業者が

本格展開を始めた 1980 年以降、小規模零細小売業者の数は減少してきています。

図表 6-4　卸売・小売業のトレンドと役割

日本の卸売・小売業のトレンド

日本の流通統計（2016 年）

	卸業者	小売業
事業所数（店）	227,946	428,488
年間商品販売額（10 億円）	2,956,737	1,292,938
従業者数（人）	2,495,745	5,093,331
従業者規模別企業数	（%）	（%）
4 人以下	44.4	49.5
5〜9 人	25.4	23.8
10〜19 人	14.6	13.1
20〜29 人	5.2	5.0
30〜49 人	4.4	3.7
50〜99 人	3.3	2.4
100 人以上	2.8	2.5

出典：経済産業省「平成 28 年度商業統計」（2016 年）より作成

日本は零細卸売業者が数が多い

卸売業者の介入による取引数の減少

・メーカー 5 社と小売業者 5 社の場合

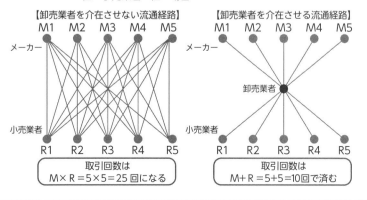

【卸売業者を介在させない流通経路】
M1　M2　M3　M4　M5
メーカー
小売業者
R1　R2　R3　R4　R5
取引回数は
M×R＝5×5＝25 回になる

【卸売業者を介在させる流通経路】
M1　M2　M3　M4　M5
メーカー
卸売業者
小売業者
R1　R2　R3　R4　R5
取引回数は
M＋R＝5＋5＝10回で済む

4 » ゼロ段階から多段階チャネルまで

◆ 短いチャネルが必ず成功するわけではない

チャネルの長さ（何段階を経るか）というのもチャネル戦略の重要な要素です（図表6-5）。似たような製品でも会社の戦略によって違うチャネル段階で販売されることもあります。

①ゼロ段階チャネル：ゼロ段階チャネルは、ダイレクト・マーケティング・チャネルとも呼ばれ、メーカーと消費者が直接取引を行う経路のことを指します。主な例には、EC販売、テレビショッピング、通信販売、訪問販売、などがあります。急増するEC販売業者にとっては、販売窓口はゼロ段階でも、物理的な流通をどうするのかというのが大きな課題です。物流・倉庫機能までを自社でもって成功している事例は少なく、米国ではネットバブルの頃にウェブ・バンという会社が100億円以上の資金を集め、食料品・雑貨のネット販売を、自社物流拠点を作って行おうとしましたが、先行投資を回収できないまま破綻しました。米国のアマゾン・ドット・コムは自社物流まで手がけて成功した数少ない事例です。

②1段階チャネル：メーカーと消費者の間に、1つの中間業者が存在する経路のことです。消費財の場合は小売業者、生産財の場合は代理商などになります。大手ディスカウンターなどは生産者から直接的に商品を大量仕入れすることで大きなコストダウンを図っている例です。

世界最大の小売業であるウォルマートもこの1段階チャネルと規模の経済効果で劇的な安売りを実現しています。ただし、流通プロセスにうまくITを導入して管理をしないと大量の在庫コストを抱えたり、機会ロスを招いたりすることもあり、1段階チャネルを導入すれば必ず成功する、というわけではありません。

◆ 長いチャネルのプラスとマイナス

①2段階チャネル：メーカーと消費者の間に、卸売業者と小売業者が存在している経路のことを指します。スーパーなどに納入する食品メーカーはこの卸を使って2段階チャネルにしていることが多いようです。卸売業者は単に商品を流すだけでなく、棚割提案・顧客情報の集約管理などの付加価値をつけて生き残りを図っています。

②3段階チャネル：メーカーと消費者の間に、卸売業者2つと小売業者が存在している経路のことをいいます。消費者が特に見て回ったりせず比較的頻繁に購入する場合に多い経路であり、2次卸が大手卸業者と小売業者の間に入ることが多いようです。

　酒や食料品の流通は伝統的に3段階以上の流通プロセスを経ることで広くあまねく全国に流通させてきました。これは末端の小売店が独立系で規模が小さかったためです。

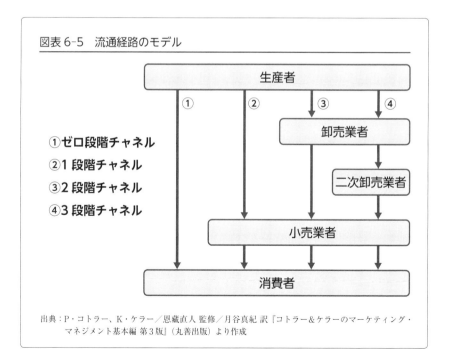

図表6-5　流通経路のモデル

①ゼロ段階チャネル
②1段階チャネル
③2段階チャネル
④3段階チャネル

出典：P・コトラー、K・ケラー／恩藏直人 監修／月谷真紀 訳『コトラー＆ケラーのマーケティング・マネジメント基本編 第3版』（丸善出版）より作成

流通チャネルが多層化することにより、メーカー側は少ない取引数でも販売箇所が増え、在庫管理の煩わしさを最小限に抑えることが可能になります。また、その反面、最終的に販売される地点でのコストは多層化するほど高くなることになります。流通チャネルの設計では、この2面性のバランスをどう取るかを考えることが重要になります。

5 » チャネルはオープンかクローズか

◆ チャネルの幅はオープンかクローズかの軸で3種

次にチャネルの各段階で使う流通業者の種類と数（チャネルの幅）を考えます。チャネルの幅は、①開放的チャネル、②選択的チャネル、③専売的（排他的）チャネルの3つに大別されます。この3つの政策はそれぞれに一長一短があります。特徴を簡単にまとめてみましょう（図表6-6）。

①**開放的チャネル政策**：自社製品をより多くの店舗で取り扱ってもらうために、できるだけ多くの流通チャネルを活用する政策です。販売経路を限定することなく、取引を希望するすべての販売業者にできる限り広く流通させることにより、広い範囲の消費者に自社製品を行き渡らせ、販売機会を最大化することが期待できます。中間業者が多くなるほど、メーカー側でのコントロールは効きにくくなるため、中間業者による販促協力やコミットメントは期待できず、商品のプロモーションは広告が中心となることが多くなります。

②**選択的チャネル政策**：特定販売箇所だけに自社製品の販売権を与える流通政策です。資格条件に合致した販売先にのみ製品を流し、数を最適にすることを目的とします。選択的チャネルでは、販売箇所が限られるため、メーカー側から販売方法などのコントロールがしやすいという利点があることに加え、在庫管理に関しても、多くの販売チャネルを持つ開放的チャネルと比べて、在庫量は少なくて済むという利点がありま

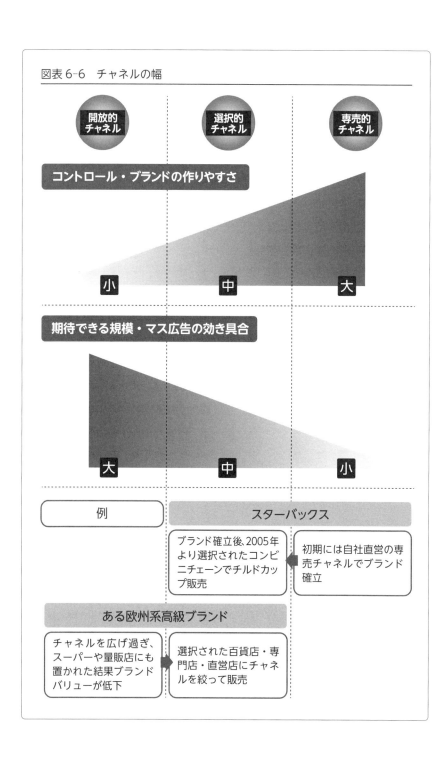

図表6-6　チャネルの幅

| 開放的チャネル | 選択的チャネル | 専売的チャネル |

コントロール・ブランドの作りやすさ

小　　　　中　　　　大

期待できる規模・マス広告の効き具合

大　　　　中　　　　小

| 例 | スターバックス |

ブランド確立後、2005年より選択されたコンビニチェーンでチルドカップ販売

初期には自社直営の専売チャネルでブランド確立

ある欧州系高級ブランド

チャネルを広げ過ぎ、スーパーや量販店にも置かれた結果ブランドバリューが低下

選択された百貨店・専門店・直営店にチャネルを絞って販売

す。その反面、販売網は限定的になるため、販売機会は少なくなります。中間業者からの協力も期待ができ、プロモーションも人的販売などが有効になります。販売網が少なくても訴求力があるブランド力が強い商品や、差別化できる商品に適する選択といえます。

　③専売的（排他的）チャネル政策：絞り込んだ仲介業者のみで流通するチャネル政策です。特定の販売地域を定めたり、決められた商品以外は販売できないという販売代理・特約店契約の下で、独占販売権を与えるかわりに、ときには同業他社の製品の取り扱いを禁じたりすることもあります。中間業者の協力も最も期待ができ、プロモーションは広告と人的販売の両方を利用することが多いです。販売チャネルが取り扱う商品数も相対的に少なくなることから、販売員は商品知識もつけやすく、よって接客サービスも向上させやすいなどの利点があります。メーカー側のブランド・イメージを維持したい商品や、自動車や家電製品などの商品知識を必要とする耐久消費財などには、排他的チャネル政策を採用している例が多く見られます。

◆ チャネルとの条件は明確に

　その後、これらのチャネルとの条件と責任を特定します。特定すべき主な条件は、①価格政策、②販売条件、③流通業者のテリトリー権、④相互のサービスと責任義務です。

　基本価格リストと値引き等のガイドラインは必要でしょうし、支払いについても事前に確認が必要です。メーカーはチャネルに守るべき販売サービス基準を示し、それに違反した場合はどのような対処をするかも事前に確認しておくとよいでしょう。

6 » オムニチャネルで複数のチャネルを管理する

◆ 複数の販売チャネルを活用するオムニチャネル

オムニチャネル（オムニチャネル小売り、Omni-Channel Retailing）は、複数の販売チャネルを活用する「**マルチチャネル**」販売の進化形で、リアル店舗とインターネット販売の境界を融解させた状態、つまり、相互を行き来しながら購入できる販売方式を指します。オムニチャネル戦略とは企業とユーザーの接点となるチャネルをそれぞれ連携させ、ユーザーにアプローチする戦略のことです（図表6-7）。

スマホをはじめとするデジタルデバイスの普及や、ネットワークの圧倒的な進化を背景に、顧客に対するチャネルの考え方も、**マルチチャネル**、**クロスチャネル**、**オムニチャネル**と発展してきました。

①**シングルチャネル**：顧客に対して、1つのチャネルを提供するチャネルデザインで、顧客に対する販売接点は1つです。

②**マルチチャネル**：顧客に対して、複数の販売チャネルを提供する、つまり、顧客接点が複数あるチャネルデザインです。例えば、実店舗に加えて、カタログ販売や、テレビショッピング、ECサイトなどを提供するチャネル戦略です。多数の販売機会を提供することにより、売上拡大には寄与しますが、それぞれのチャネルは独立しており、顧客管理や、在庫管理も別々に運営されているため、管理や統制が難しくなります。顧客から見ると、別々のサービスであるかのように認識されることもあり、統一感のあるブランド体験を提供しにくいともいわれています。

③**クロスチャネル**：顧客に対して、複数の販売チャネルを提供する点でマルチチャネルと同様でも、在庫や顧客管理のシステムは連携していて、チャネル間での管理が統合化されたチャネルデザインです。1人の顧客に対して複数の接点をもちますが、統合された運営によって在庫・情報の最適化が図られ、より顧客の望む形での購入を可能にします。

④**オムニチャネル**：よりチャネル間の境目なく合された、複数のチャ

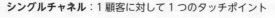

図表 6-7　オムニチャネル

シングルチャネル：1 顧客に対して 1 つのタッチポイント

マルチチャネル：独立した複数の顧客に対して、小売は複数のタッチポイント

チャネルごとの
ノウハウと運用
方法は、技術・
拠点ごとに集約
されている

クロスチャネル

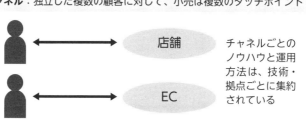

小売は、顧客をユ
ニークユーザーと
して認識している
が、機能は別々の
運用

顧客は同一ブランドの複数
タッチポイントとして認識
している

オムニチャネル

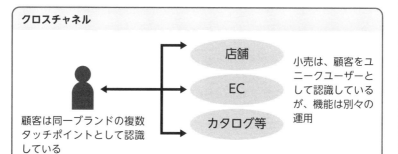

小売は、チャネル
間で共通した戦略
をとり、顧客を同
一のユニークユー
ザーとして認識

顧客は、チャネルを別々に認識せず、
同一ブランドとして認識し、購買行動
も 1 つと認識している

ネルを提供し、顧客1人ひとりに最適なサービスを提供しようとするチャネル戦略です。どのチャネルからの購買であっても、その顧客や購買シーンに応じた一貫性のある最適なサービスを提供できるように、顧客の接点はチャネル間でも共有されている状態を形成します。

◆ オムニチャネルの例

例えば、洋服を買いに行ったときに、店舗に在庫がないとします。そんな時も、入荷時にECから購入できたり、また購入はECから行っても、商品の受け取りは最寄りの実店舗でできたりというように、顧客が欲しい商品を好きな時に、好きな場所で受け取れるようにするのが、オムニチャネルの掲げる購買プロセスです。企業にとっては、チャネル間のシナジー効果が期待でき、それぞれのチャネルが持つ潜在的な力が引き上げられ、顧客にとっては購買の利便性があがります。購買の利便性が上がるということは、購入体験に対する満足度も向上し、売上の向上やリピート率の向上を促します。

◆ オムニチャネルを実現する留意点

オムニチャネルを実現するためには、チャネル間において、次の4点を考慮した、チャネル設計をする必要があります。

①購買プロセスの各ステップにおける顧客のタッチポイントとチャネルを明確に識別できること

②チャネル間での在庫の一元管理

③チャネル間での価格の統一

④実店舗においても他チャネルでの顧客タッチポイントを意識した接客を行えること

7 ▸▸ パートナーとしての動機づけと統制

◆ 外部のチャネルとどう関わっていくか

チャネルは設計し、理想の相手を選択するだけでは「絵に描いた餅」です。そのチャネルパートナーと交渉し、教育し、動機づけをし続けなくては意味がありません。いったん関係を構築しても、定期的にパフォーマンスを評価し、環境変化に合わせて調整や変更をします。チャネルは設計の目的に合わせて選択基準を設けます。卸売業者であれば取扱品目・業界経験・ネットワーク・支払い能力・営業担当者の質、小売業者であれば立地・顧客層など、さまざまな基準があります。条件設定を相手ごとにバラバラに行うのは大変なので、契約書のひな型を作っておくとよいでしょう。

チャネルは皆さんの商品を取り扱った瞬間から、皆さんのブランドを体現する一部となります。よいブランドを作り上げたいならチャネルの選択と教育にも注力しなくてはなりません。マイクロソフトでは、社外のサービス技術者に所定の研修を課し、合格した者にはマイクロソフトの公認専門家の肩書を与えている、などの例もあります。

◆ チャネル業者の動機づけと統制

直営チャネル、外部チャネル両方からの協調・協力を確保するには、インセンティブ（協力金などの優遇措置）と統制（過度な値引きの禁止など）を適切に使い分ける必要があります。動機づけの主な方法には、以下のようなものがあります。

①報酬：チャネルとしての目標達成に寄与した際に経済的対価を与えること。リベートや取引のさらなる拡大、ある条件下での排他的販売権の付与など。直接的に動機づけできるが、それが慢性化するとやめられなくなる恐れがある。

129

②**強制**：目標達成に寄与しなかった際の強制措置。メーカー側からの契約解除、出荷制限、取引の縮小などは反発を招く可能性もある。

③**契約**：書面などの公式な契約でチャネルとしてすべきことを規定する方法。互いに契約以上の協力をしなくならないように注意が必要。

④**情報・専門性**：メーカーがチャネルよりも重要な専門知識をもっていたり、優れた情報処理能力をもっていたりすることにより、パートナーへの動機づけとする。

⑤**一体感**：メーカーが非常に尊敬されていて、その商品・サービスを扱うことをチャネルが誇りに思うことによる動機づけ。トヨタ自動車・キヤノンなどはそうしたプライドを持つことができるメーカーの例。

⑥**正統派パワー**：チャネルがメーカー側の要望に応じる義務があると思われる能力。メーカーの創業者にお世話になったと思っているチャネルが競合に乗り換えずに契約を続ける、といったものが一例。

　上記の要素を適切に組み合わせて使うことでチャネルの協調が引き出せます。ただ、行き過ぎたパワーの行使は逆効果にもなるので注意が必要です。最近は新たな動機づけとして、⑦チャネルの価値向上支援（チャネル自体の価値を向上させる情報提供、トレーニング等のなんらかの支援）もありうるでしょう。

　チャネル業者は扱い高のみでなく、利益率・配送時間や状態のサービスレベル・クレーム対応・自社のブランド構築への貢献度など、さまざまな軸で評価します。

第 7 章

マーケティング・ミックスの最適化④：コミュニケーション

●ターゲットとする顧客に対し、自社の商品やサービスに関する情報やメッセージを正確に、かつ効果的に伝えなければ商品・サービスは売れない。企業側から一方的に情報を発信するだけでなく、消費者側と双方向的に情報を受発信しながらコミュニケーションを図ることが必要になる。こうした活動は4Pの中でPromotion（プロモーション）と記述されるが、プロモーションには一方的な情報発信のニュアンスがあるため本書では、「コミュニケーション」と表記する。

●効果的なコミュニケーション戦略を行うには、消費者が購買に至るまでの心理的なプロセスを把握しておくことが重要となり、AIDMA（アイドマ）、AMTUL（アムタル）とAISAS（アイサス）などいくつかの購買行動モデルが存在する。

●コミュニケーション戦略は大別すると、「プッシュ戦略」と、「プル戦略」があり、プッシュ戦略は、企業が流通業者らに対して販売促進を行い、それを受けた流通業者が消費者に対して商品やサービスの購入をプッシュしていく戦略。プル戦略は、マスメディアなどを活用し、比較的大規模な広告活動で直接的に消費者に働きかけ、消費者を小売店などに引き寄せて（プル）購買を促す戦略。プッシュ戦略とプル戦略は多くの場合、相互補完の関係にある。

1 » プロモーションではなく、コミュニケーション

◆ なぜ、コミュニケーションなのか

　顧客のニーズに対応した商品やサービスを開発し、適切な価格設定を行ったうえで、顧客への販売体制を整えたとしても、商品やサービスの情報を消費者に伝えることができなければ、最終的な購買には結びつきません。したがって、企業はターゲットとする顧客に対し、自社の商品

やサービスに関する情報やメッセージを正確に、かつ効果的に伝えなければなりません。

そのためには、企業側から一方的に情報を発信するだけでなく、消費者側と双方向的に情報を受発信しながらコミュニケーションを図ることが必要になってきます。そして、ターゲットとする顧客に適切に伝わるようなコミュニケーション戦略を実践するには、さまざまなコミュニケーションの手段やその役割などについて理解し、効果的なコミュニケーション・ミックスを考えなければなりません。通常、マーケティング・ミックスの4Pの1つ、最後のPはPromotion（プロモーション）ですが、プロモーションには一方的な情報発信のニュアンスがあるため本書では、「**コミュニケーション**」として、進めていきます。

◆ コミュニケーション戦略の対象と目的は明確に

コミュニケーション戦略を策定するうえで考慮すべきポイントについては、この後詳しく見ていきますが、最初に、コミュニケーション戦略の対象と目的を明確にしておく必要があります。

まず、コミュニケーション戦略で、「誰に」働きかけるのかを確認しておきましょう。最も重要なコミュニケーションの対象として、顧客や流通業者などの取引業者が挙げられますが、株主や政府、行政、自社の従業員といったステークホルダーがコミュニケーションの対象となる場合もあります。

例えば、企業が自社の従業員に対してメッセージを発信するために広告展開することもあります。「日立の樹」でおなじみの日立グループによるTVCMは、1973年に始められた企業広告ですが、消費者を対象に情報発信するだけでなく、実は自社の従業員に対してもメッセージを送っていると考えられます。このTVCMは、日立グループの企業名がテロップでずらっと流れるのが特徴ですが、日立グループが多くの企業を傘下に持つ一流企業であるというブランド・イメージを消費者に伝えるだけでなく、日立グループの社員やその家族を鼓舞し、士気を高める目的も多分にあるでしょう。

また、コミュニケーション戦略の対象に働きかけ、「何を」実現したいのかを明確にしておく必要もあります。コミュニケーションの目的は、対象がそれぞれ異なる場合でも主に、「情報伝達」、「説得」、「ブランド・イメージ形成」、「再確認」の４つか、またはその組み合わせとなる場合が多いのです。

　情報伝達は、商品・サービスの存在やそれらの優位性などに関する情報を消費者に伝えることが目的です。商品やサービスを購買に結びつけるにはまず、消費者にそれらの情報を伝えなければなりません。次に、**説得**は、企業が消費者の行動や納得を促すことを目的とするものです。例えば、東京電力や東京ガスによる「電気・ガス料金のまとめ割引」のTVCMは、電気とガスのセットプランへの申込を説得するものです。**ブランド・イメージ形成**は、先ほど例として取り上げた日立グループのように、「日立の樹」CMで消費者の心の中に、「安心」や「一流」という明確なブランド・イメージを形成することを目的としています。また、**再確認**というのは、既存の顧客を対象にリピートや再訪問、再購買などを促すためのものです。アパレル・ブランドや飲食店、消費財などのさまざまな企業やブランドが行っています。

　このように、コミュニケーションの対象と目的を明確にしておくことは、適切なコミュニケーション戦略を策定していくうえで非常に重要となります。

2 » **コミュニケーション・ミックスは顧客接点のすべて**

◆ 5つのコミュニケーション・ミックス

　効果的なコミュニケーション戦略を行うには、「**広告**」、「**パブリシティ**」、「**販売促進**」、「**人的販売**」、「**クチコミ**」の５つのコミュニケーション手段を適切に組み合わせ、一貫性のある「コミュニケーション・ミックス」を実施することが重要です。それぞれのコミュニケーション手段

の特性や役割などについて、詳しくは後述しますが、ここでは、コミュニケーションの対象者数の違いによるコミュニケーション手段の分類について見ておきます（図表7-1）。

コミュニケーション手段は、コミュニケーション戦略で働きかける相手の数によって、「マスメディア」と「パーソナルメディア」の2つに大別されます。「テレビ」、「ラジオ」、「新聞」、「雑誌」の4大媒体をはじめとする**マスメディア**は、一度に多数の人に対して同じ情報を伝達できるのが特徴で、One to Many Media と呼ばれます。そして、このマスメディアの特性をうまく活用したコミュニケーション手段が、テレビCMや新聞・雑誌広告などの「**広告**」と「**パブリシティ**」です。

パブリシティは、企業が費用を負担して情報を伝える広告とは異なり、マスメディアに無料でニュースや記事として取り扱ってもらうことで情報を伝達する手段です。パブリシティは公共性が高いことから、消費者からの信頼度や好感度も高く、近年、その重要性が高まっているといえます。

一方、**パーソナルメディア**は、個人が個別に内容が異なる情報を伝達するもので、One to One Media といわれます。このパーソナルメディアの特徴を生かしたコミュニケーション手段が、「**販売促進**」や「**人的販売**」、「**クチコミ**」です。店頭販売員や営業担当者による人的販売や販売促進は、直接消費者の需要を喚起し、最終的な購買まで直結させられるため、適切に活用すれば、非常に効果的なコミュニケーション手段となります。また、消費者間で情報の受発信をするクチコミは、企業からの一方的な情報伝達よりも親近感があり、信頼度も高くなることから、他のコミュニケーション手段よりも消費者の購買行動に強い影響を与えるといえるでしょう。したがって、クチコミを介して情報が正確に伝達されれば、非常に高い波及効果が期待できますが、事実と異なる情報や悪いニュースなどが伝達されてしまった場合は、非常に深刻な事態を招きやすいというリスクも持ちあわせています。

また、近年ではICTの進展に伴って、インターネットやSNS（ソーシャル・ネットワーキング・サービス）上で、マスとパーソナルの両方の性

質を持ち合わせたメディアが普及していることから、**クチコミがマスメ
ディア化し、もはやパーソナルメディアとはいえない状況になりつつあ
ります**。したがって、それぞれのコミュニケーション手段の特性や役割
について十分考慮し、適切なコミュニケーション戦略を策定していくこ
とが非常に重要です。

◆ 拡張するコミュニケーション・ミックスとIMC

　このように、近年はマーケティングを取り巻く環境が大きく変化し、
消費者とのコミュニケーションの手段が多様化しつつあります。その結
果、顧客との接点が増加し、コミュニケーション手段やメディア、販売
担当者ごとにランダムにコミュニケーションが行われ、商品やサービス
のブランド・イメージの統一性が失われるということが懸念されていま
す。

　そして今、これらの課題を解決するコミュニケーションの形が、**IMC**
（Integrated Marketing Communication）と呼ばれる、「**統合型マーケ
ティング・コミュニケーション**」です。IMCは、広告やパブリシティ、
販売促進などのあらゆるコミュニケーション手段をメッセージの受け手
である消費者の視点で総合的に捉え、さまざまなメディアを統合管理す
ることによって、一貫性のあるメッセージを伝えていこうとする考え方
です。したがって、広告やプレスリリース、ウェブサイト・SNS、店頭
や販売員スタッフ、製品パッケージに至るまで、すべての顧客との接点
を戦略的に統合し、ブランド・イメージに一貫性を持たせることによっ
て、顧客とのコミュニケーションを最大化させる戦略ともいえます。

　例えば、アップル社は新しい製品やサービスを市場に投入する際には
まず、経営陣らによる記者発表会などのパブリシティを実施し、その後、
マスメディアを活用した大々的な広告展開を行います。これらの広告は、
製品やサービスの名前とアップル社のロゴだけが掲載されていることが
多く、広告を見た消費者はアップル社のウェブサイトやSNSなどへア
クセスします。ここで情報を得たインフルエンサーや早期に新製品を試
したイノベーターらがクチコミで情報を拡散し、さらに、アップル直営

図表 7-1　コミュニケーション・ミックス

チャネル	特徴	機能	目的	方法
広告	特定のスポンサーが費用を負担して媒体を通して伝えられる一方的コミュニケーション。マス市場への適応に効率的	情報提供、製品への好感創造、販売に対する刺激	認知、知識	テレビ、ラジオ、新聞、雑誌、交通広告、屋外ディスプレー、ダイレクトメール、ノベルティ
パブリシティ	対象物に関して商業的に意味のあるニュースを公の媒体に掲げさせる一方的コミュニケーション。スポンサーが費用負担しないで公の場で好ましいプレゼンテーションができる機会を獲得する	新商品ニュース、製品の評価	認知、知識、態度変容、意思決定の援助	ニュース、編集記事
販売促進	特定関心の内容に関する一方的コミュニケーション。短期的なインセンティブを与えるために使う	広告と人的販売の中間的特徴をもつ	認知、知識、製品使用法の指導	サンプル、クーポン、値引き、コンテスト、スタンプ、トレードショー、POP、販売実演
人的販売	個々の消費者に直接に対応し、対話や製品使用方法の指導等を通じた質の高い双方向的コミュニケーション（自社製品・競争相手・他社製品・顧客の要望などの重要な情報源となる）	見込み客への特定、情報提供、販売締結	製品使用法の指導、見込み客への説得、販売締結	接客、営業
クチコミ	双方向的コミュニケーション。非常に影響力が強い効果的なツールであるが、最初にネガティブ（悪い）な口コミが広がらないように迅速なクレーム対応を企業の基本動作として徹底しておく	相互援助	知識、態度変容、製品使用法の指導、意思決定の援助	インターネット、SNSなどもクチコミの一部

出典：池上重輔（監修）／グローバルタスクフォース『図解わかる！MBAマーケティング』（PHP研究所）を一部修正

店などで販売スタッフが直接消費者を購買へと促します。このように、アップル社は製品やサービスに関わらず、あらゆる接点で消費者とコミュニケーションを取りながら、首尾一貫したブランド・イメージを形成することに成功しています。

　IMCは、コミュニケーション手段やメディアの特性について十分に理解したうえで、それらをバランスよく組み合わせながら、ブランド・イメージを統一していく必要があるため、効果的に実践していくのは簡単なことではありません。しかし、適切な戦略を策定し実現することができれば、ブランド・イメージを最大限に引き上げることにつながり、新規顧客やロイヤルカスタマーの獲得も可能となるはずです。

3 ≫ 「知ってもらう」 から 「買ってもらう」 まで

◆ 購買までの心理的プロセス：AIDMA（アイドマ）

効果的なコミュニケーション戦略を行うには、消費者が購買に至るまでの心理的なプロセスを把握しておくことも重要です。消費者が商品やサービスについて認知した後、実際に購買するまでの心理的なプロセスを示す **AIDMA（アイドマ）** は古典的ですが、最も有名なモデルでしょう。以下の心理的なプロセスのそれぞれ頭文字をとって AIDMA と表しています。

> **A**：Attention（注意）**I**：Interest（興味）**D**：Desire（欲求）
> **M**：Memory（記憶）**A**：Action（行動）

AIDMA モデルでは、消費者はまず、商品やサービスについて認知し（**A**ttention）、関心を持ち（**I**nterest）、その後欲しいと思うようになって（**D**esire）、その欲求を思い起こし（**M**emory）、購買する（**A**ction）という購買プロセスをたどります。

メッセージの送り手である企業は、顧客が購買プロセスのどの段階にいるのかを把握することによって、顧客を次の段階へと進めるために、どのようなコミュニケーション戦略を行えばよいのかが明確になります（図表7-2）。

例えば、Attention（注意）と Interest（興味）の初期段階では、まず消費者に商品やサービスについて知ってもらい、消費者の注意を促したうえで、興味を持ってもらうことが目標となるため、マスメディアなどを活用したインパクトのある広告やパブリシティによるコミュニケーション活動が必要となります。次の Desire（欲求）の段階では、興味を持った消費者の欲求を駆り立てる必要があるため、商品やサービスの優位性を積極的に説いて購買を促すようなプッシュ戦略が効果的でしょう。Memory（記憶）と Action（行動）の最終段階では、消費者に商

図表7-2 AIDMAモデルとコミュニケーション手段

購買プロセス	注意 Attention	興味 Interest	欲求 Desire	記憶 Memory	行動 Action
消費者の状態	知らない	興味がない	欲しくない	思い出せない	迷っている
コミュニケーション戦略の目標	注意喚起し認知度を高める	商品の評価を高め興味をひく	欲求を駆り立てる	想起させる	購買行動を起こさせる

AIDMAのプロセスに適したコミュニケーション手段

広告

販売促進（セールス・プロモーション）

人的販売

パブリシティ

出典：小川孔輔『マネジメント・テキスト マーケティング入門』（日本経済新聞出版社）を参考に作成

品やサービスを「購入したい」と思わせ、実際に購買行動を起こさせる必要があります。したがって、購買行動の局面で商品やサービスについての欲求を想起させ、購買を後押しする、販売員らによる人的販売などのコミュニケーション手段がカギとなります。

◆ AMTUL（アムタル）とAISAS（アイサス）

　もう一つ、消費者の心理的プロセスを考える際に使われるモデルとして、**AMTUL（アムタル）** があります。このモデルは、消費者の購買後の心理的なプロセスを段階分けしているのが特徴で、「どのように消費者をリピートさせ、ロイヤルカスタマーにするか」を考えるのに適しています。

> **A**：Awareness（認知）　**M**：Memory（記憶）　**T**：Trial（試験的に使う）
> **U**：Usage（頻繁に使う）　**L**：Loyalty（ブランドを決める）

　ICT の進展に伴って、**AISAS（アイサス）** という考え方も出てきています。このモデルは、消費者の注意が喚起され（**A**ttention）、興味を持ち（**I**nterest）、検索してから（**S**earch）、購買し（**A**ction）、情報を共有する（**S**hare）という消費者の行動プロセスを表しています。特に、「検索（Search）」と「情報共有（Share）」を重要視しているのが特徴で、e コマースのマーケティングモデルとしてもよく使われています。

4 » コミュニケーション戦略策定のプロセス

　コミュニケーション戦略を策定する際には、最初にコミュニケーションの対象と目的を明確にしておく必要があると述べましたが、そのうえで、企業は「何を伝えるのか」と「どのように伝えるのか」という2つの命題について考慮しながら立案し、マネジメントしていくことが重要です。

　コミュニケーション戦略は、①ターゲット顧客（消費者）の明確化、②コミュニケーション目的の決定、③メッセージの作成、④コミュニケーション・チャネルの選択、⑤コミュニケーション予算の策定、⑥コミュニケーション・ミックスの構築、⑦コミュニケーションの実施、⑧コミュニケーションの効果測定、⑨コミュニケーション戦略の再設計、という

9つのステップを経て策定していきます。1つずつ見ていきましょう。

①ターゲット顧客（消費者）の明確化

まず、コミュニケーションの対象者を設定します。自社の商品やサービスの存在を全く知らない消費者を対象とするのか、既存顧客か潜在顧客か、一般消費者か企業（ビジネス）かなどによって、コミュニケーション方法が全く異なるため、第1段階で明確にしておくことが重要です。

②コミュニケーション目的の決定

次に、第1ステップで設定した対象者に働きかけて、どのような反応を得たいのかを決定します。例えば、対象者が自社の商品に関する情報を持っていないのであれば、注意を喚起して認知させることが目的となりますし、対象者がサービスへの加入を迷っているのであれば、加入という行動を起こさせることが目標となります。

コミュニケーションの目的を設定する際には、前項で確認したAIDMAやAMTULなどの消費者の購買プロセスを活用するのも特に有効です。コミュニケーション目的の決定は、コミュニケーション予算の策定やコミュニケーション・ミックスの構築など、以降のステップにも影響を与えます。コミュニケーション戦略の指針ともなる重要な項目となりますので、十分に考慮し検討する必要があります。

③メッセージの作成

コミュニケーションの目標が定まったら、それを達成するために対象者に伝えるメッセージを選択し、作成していきます。対象者に伝えるメッセージとは、「商品やサービスの特性」や「商品やサービスと顧客との関係」、「企業の特徴」、「他社製品・サービスとの競争関係」などが挙げられます。

例えば、あるメーカー企業が「コーヒー飲料」の新商品を発売することになり、コミュニケーションの目的を「新商品の発売に注目してもらうこと」とした場合のメッセージとしては、「甘さ控えめ」や「アロマの香り」といった"商品の特性"や、「ペットボトル入り」、「缶ボトル入り」などの"競合商品との差異"、または、「有名コーヒー店監修」といった"企業の特徴"などが考えられます。このように、ポジショニン

グは1つに絞るのが得策ですが、メッセージについては複数のアプローチで訴求するほうが効果的な場合があります。

④コミュニケーション・チャネルの選択

コミュニケーションの対象者に働きかける経路（チャネル：ここではメッセージを伝える媒介となる何か）は、実際には複数のチャネルを活用することが多くなります。消費者の購買前のチャネルとして、「広告」や「パブリシティ」、「ウェブサイト」、チラシやパンフレットなどの「販促用印刷物」などがあり、購買時のチャネルでは、「商品やサービスなどの品ぞろえ」や「ディスプレイ」、「店頭販売員や営業担当者」などが挙げられます。また、消費者が実際に購買した後にも「アフターサービス」や、有料会員やアップグレードなどの「ロイヤリティ・プログラム」など、さまざまなチャネルがあります。

特に、店頭販売員や営業担当者、アフターサービスなどの人的コミュニケーション・チャネルは、消費者と直接関わり、フィードバックを得られやすいというのが大きな利点です。非人的コミュニケーション・チャネルは、マスメディアやデジタルメディア（インターネット・ウェブ）などが相当しますが、対象者に伝えたいメッセージのボリュームや内容の濃度によって適切に選択します。

⑤コミュニケーション予算の策定

コミュニケーション予算の策定はまず、コミュニケーション目標を達成するために必要な手段を選択し、必要なコストに応じて決定していく方法が最も合理的でしょう。その際、競合他社の予算や業界水準をはじめ、自社が支出可能な予算範囲などについても確認しておくとよいでしょう。また、売上高の一定率をコミュニケーション予算とする方法も、売上目標をもとに算出しやすく、過去のデータなども参考にできるため、よく活用されています。ただし、実際の売上が目標値を下回った場合、それに伴ってコミュニケーション予算も縮小してしまうというリスクもあります。

⑥コミュニケーション・ミックスの構築

コミュニケーション予算案にしたがって、「広告」、「パブリシティ」、

「販売促進」、「人的販売」、「クチコミ」などのコミュニケーション手段を選択して組み合わせ、コミュニケーション目的を達成するための最適な「コミュニケーション・ミックス」を決定します。コミュニケーション予算の規模や、各手段をどう配分していくかによって、コミュニケーション目標の達成度が大きく変わるため、十分に検討する必要があります。また、コミュニケーション手段の選択には予算以外にも、商品やサービスの特性や消費者の購買プロセス、自社のポジショニングなど、さまざまな要因についても留意しながら行います。さらに、コミュニケーション戦略として、後述する「**プッシュ戦略**」と「**プル戦略**」のどちらの方針を選択するかということも重要なカギとなります。

⑦コミュニケーションの実施

次に、決定したコミュニケーション・ミックスにもとづいて、コミュニケーション手段の具体的な内容について詳しく確認していきます。実施する手段によって、対象者に働きかけるメッセージの内容や、その先のコミュニケーション目標の達成度に大きな影響を与えることになるため、十分な検討を重ねます。そして、コミュニケーション・ミックス全体を通して整合性が取れれば、戦略実施に移行していきます。

コミュニケーション戦略の実施を広告代理店などに委託する企業も少なくありませんが、日本の特徴として、コミュニケーション戦略の立案・策定自体も広告代理店が行う場合が多いことが挙げられます。広告代理店は大抵の場合、「広告メディアの購買にかかった経費の何パーセント」のような形でクライアント企業などの依頼主に課金するため、広告費の増大に伴って広告代理店の収入も増えていきます。したがって、戦略立案の段階で、広告代理店側が広告費を含めたコミュニケーション予算を削減するインセンティブが効きにくいということが散見されます。欧米ではメディアプラン会社とメディアバイイング会社が分かれていることで価格の牽制機能が働いています。そこで、次のステップとなる、コミュニケーション戦略の効果測定が重要となってきます。

⑧コミュニケーションの効果測定

コミュニケーションの効果測定では、「コミュニケーションの対象者

のうち、どの程度の人がそのメッセージを認知したか」や、「そのメッセージを覚えているか」、「どのように思ったか」、「メッセージを知覚した前と後では、その商品やサービスに対する認識が変わったか」といった"消費者の認識"面と、「対象者のうち、実際にどの程度の人が購買に至ったか」や「その商品やサービスを気に入ったか」、「その商品やサービスをリピートしたか」などの"消費者の行動"面の2つの側面に焦点を当て、評価していきます。また、コミュニケーション目標として売上の拡大や利益増などを設定した場合は、コミュニケーション目標の達成度をリサーチし、数値化するようにします。実施したコミュニケーション戦略が売上にどの程度貢献したかなどについては、売上高や売上シェアの上昇率などを確認するよりも、店頭での回転率といった、より消費者に近い接点やチャネルでの状況を確認するほうが正確に評価できるといえるでしょう。リサーチの手法は第9章や参考文献を参考にしてください。

⑨コミュニケーション戦略の再設計

効果測定を行った後は、コミュニケーション戦略全体を総合的に評価し、次回の戦略策定に向けてフィードバックを行ったり、必要に応じてコミュニケーション戦略を変更したりするなど、コミュニケーション戦略の再構築を行います。効果的なコミュニケーション戦略を行ううえで、最後のステップが非常に重要です。

5 » 広告プログラム開発のプロセス

広告は、企業がテレビやラジオ、新聞、雑誌などのマスメディアやデジタルメディア、SNSなどを活用して多くの対象者に向けて働きかけ、商品やサービスへの興味や関心を引きつけたり、ブランド・ロイヤリティを形成したりするコミュニケーション手段です。広告はコミュニケーション対象者に与える影響やコミュニケーション予算に占める割合が比較的大きいことから、コミュニケーション戦略の成否のカギを握るともいえるでしょう。効果的な広告を展開するには、以下の手順でプログラ

ムを開発していくことが必要です。

①広告目標の設定

　広告プログラム策定の最初の段階で、必ず広告目標を設定します。広告目標を設定する際には、例えば、「一定期間、広告によって対象者に働きかけ、その期間終了後に対象者にどのようになってほしいのか」のように、何のために広告で対象者に働きかけるのかを特定します。また、目標設定の方法には、「新商品の発売後6か月間の売上目標を1億円にする」や、「人気商品の認知度を3か月でさらに10％アップさせる」のように、具体的に数字で表す定量的な目標設定と、「新サービスの良さを認識してもらう」といった定性的な目標設定があります。定量的な目標設定のほうが目標達成度を数値化できるため、効果を測定しやすいというメリットがありますが、定性的な目標設定の場合も、モニタリングやアンケート調査などによって効果測定することは可能なため、広告プログラム実施の前後で調査をしておくことも重要です。

②広告予算の策定

　広告予算は、コミュニケーション戦略全体の予算にもとづいて、対象商品・サービスの製品ライフサイクルや市場シェア、自社のポジション、広告展開の頻度など、さまざまな要素を考慮しながら策定していきます。企業が新商品やサービスを市場に導入する際は、通常、消費者の注意喚起や認知度を高めるために大量の広告を投入することが多く、膨大な広告予算が必要とされます。その後、商品やサービスのブランドが確立されて成長期から成熟期に入ると、広告費の割合が急速に縮小していきます。このように、製品のライフサイクルなどに応じて、随時予算の管理をしていくことが大切です。

③クリエイティブ・メッセージの作成

　広告プログラムの最初の段階に設定した広告目標を達成するために、企業がコミュニケーション対象者に“最も伝えたい”と考えるメッセージを明確にし、メディアを介してそのメッセージをどのように表現するか決定していきます。まず、商品やサービスの特性や優位性などを対象者の印象に残るように、キャッチ・コピーや映像イメージ、音楽などを

活用して作成していきます。例えば、テレビであればCM1本あたり15秒から30秒というように、メッセージを伝達するメディアには時間的な制限や空間的な制約があります。したがって、一瞬で消費者の目に留まったり、注意を喚起したり、興味や関心を引き出したりするようなクリエイティブなメッセージを作成しなければなりません。通常、テレビCM1回につき、伝えられるメッセージは1つか2つといわれているため、効果的な広告を行うには、メッセージの数はできるだけ絞り込むほうが良いでしょう。

④メディアの選択

　対象者に伝えるべきメッセージと、それを最大化させる表現方法が確定したら、次に、「いつ」、「どのメディアを介して」など、広告メッセージを掲載するメディアやタイミングを決定していきます。例えば、テレビCMを使うのか、新聞広告もしくはウェブを中心にするのか、また、テレビを活用するのであれば、「どの時間帯にCMを流すのか」や「どれくらいの期間、どの程度の数のCMを投入するのか」といった、広告出稿時期や出稿期間、出稿量なども計画します。これらのメディア選択を行う際には、それぞれのメディアの特性や役割について十分に考慮するだけでなく、自社のポジションやコミュニケーション対象者の属性などについても留意し、効果的なメディアの組み合わせを考える必要があります。デジタルメディア以外の媒体を使うことに驚く若い世代の読者もおられるかもしれませんが、世代によって到達しやすいメディアにギャップがあることには留意しましょう。例えば、総務省によると2018年の新聞の行為者率（1日の中で該当行動を15分以上した割合）は10代で2.5％、20代で5.3％ですが、10歳ごとに10％程度ずつ行為者率が上がり、60代では52.8％となるなど、ターゲット層によっては新聞も有効なメディアです。

　このように、さまざまなメディアの特性や役割を考慮しながら、戦略的かつ、効果的にメディアを組み合わせていくことを「**メディア・ミックス**」といいます（図表7-3）。AIDMA、AMTUL、AISASなどの消費者購買プロセスとあわせて活用することで、さらに費用対効果の高い広

告を展開することができます。例えば、対象の商品が発売されたばかり
で、消費者の認知度が低い場合は、大々的なテレビCMを中心に広告
展開することで認知度を上げ、消費者の関心を引くよう働きかけ、逆に
認知度が高いにもかかわらず、店頭での購買率が低いのであれば、POP
などの店頭ディスプレイ（店頭販売）や人的販売に注力するというパター
ンもあるでしょう。

⑤広告効果の測定

　広告実施後は、コミュニケーションの効果測定に準じて、広告効果の
分析と評価を行います。例えば、売上分析によって広告費に見合った効
果を得られたかどうかを確認したり、ブランド知名率で消費者の認知度
が上がったかどうか、または、既存顧客の再購買率やリピート率を分析
したりなど、広告展開による効果を正しく分析し、評価することは次回
の広告プログラムの開発にもつながります。

　これらの効果測定の方法は、メディアや属性によってさまざまな手法
や指標がありますが、テレビの**延べ視聴率**を表す「**GRP**（Gross Rating
Points）」や、広告がどれくらいの世帯に伝わっているかを見る「**リーチ**」、
一定の期間内の対象者による平均CM視聴回数を表す「**フリークエン
シー**」、新聞・雑誌などの購読者1000人当たりの広告費を表す「**CPT**（Cost
Per Thousand）」などがあります。また、インターネット広告の効果測
定方法として、表示された広告がクリックされた割合を示す「**CTR**（Click
Through Rate）」や、ウェブサイトへのアクセス数のうち、商品購入や
会員登録などの最終成果（コンバージョン）に至った割合を表す「**CVR**
（Conversion Rate）」などが一般的によく利用されています。これらの
指標を活用し、より効果的な広告プログラムを構築していくことが重要
です。

図表 7-3　代表的なメディア・ミックスの特徴

代表的な メディア	メリット	デメリット
①テレビ	●映像、音声、動きが組み合わされ、視覚、聴覚に訴えることができてインパクトが大きい ●視聴者が多く注目度が高い	●コストが高い ●消費者の選別が困難 ●一度に多くの情報を伝えづらい
②ラジオ	●地域別、属性別の選別が可能 ●コストが比較的安い	●音声のみで視覚に訴えられない ●伝えられる情報に限界がある ●聴取者数が少ない
③雑誌	●地域別、属性別の選別が可能 ●印刷が高品質 ●媒体価値が長期間続く	●発売までのリードタイムが長い ●購読者が限定的
④新聞	●購読者が多い ●信頼性が高い ●発売までのリードタイムが短く最新情報を伝達できる	●印刷の質が悪い ●媒体価値が短い ●じっくり見られない
⑤屋外広告	●幅広いターゲット層を対象にできる ●広告手法が豊富で選択肢が多い ●反復露出が可能	●視聴者を選別することが難しい ●広告の表現力に限界がある
⑥デジタルメディア （ウェブ、モバイル）	●双方向性がある ●波及効果が高い ●一度に多くの情報量を発信できる ●コストが比較的安い ●マスメディアとパーソナルメディアの役割を兼備 ●SNSなどは消費者の購買行動に強い影響 ●発信までのリードタイムが短く最新情報を伝達できる	●情報過多で認知されにくい可能性 ●情報の信頼性の担保が難しい ●誤情報の発信・拡散後の修正が困難な場合がある ●情報受信者や対象者などの属性が限定的 ●媒体価値が比較的短い

出典：グロービス・マネジメント・インスティテュート『新版 MBA マーケティング』（ダイヤモンド社）を参考に作成

6 ›› パブリシティで低コスト・高信頼

◆ マスメディアに働きかけるパブリシティ

　パブリシティとは、テレビや新聞、雑誌などのマスメディア（媒体）に働きかけ、企業や商品・サービスなどについてニュースや記事として取り上げてもらい、その情報やメッセージを消費者に伝えるコミュニケーション手段です。

　パブリシティは「**PR**（Public Relations）」や「**広報活動**」とも呼ばれ、「広告活動」と混同されることも多いのですが、企業が費用を負担して情報を発信する広告とは異なり、パブリシティは基本的に〝無料〟です。また、パブリシティは第三者であるメディアによって公的かつ、客観的に報じられるため、消費者にとって信頼性が高く、好意的に捉えられるということを前提にしています。その一方で、記事や情報として発信されるかどうかの判断や、その報道内容については各メディアに一任されている場合が多いため、どのメディアにどう報道されるか、企業側の意図が正確に反映されるかなどのメディア・コントロールが取りにくいなどのリスクもあります。したがって、リスクマネジメントの観点からも、広報部門や広報担当者を中心にメディアとの友好的な関係を築き、活発な広報活動を進めていくことが重要です。例えば、人材サービスのビズリーチや名刺管理サービスの Sansan は、比較的小規模の時代からパブリシティを上手く活用して成長してきました。

◆ パブリシティの基本となるプレスリリース

　パブリシティは適切に行えば比較的低コストで高い信頼を得られることから、大企業だけでなく、中小企業にとっても非常に有効なコミュニケーション手段の１つですが、企業側から積極的にメディア側に働きかけることが必要となります。例えば、新製品や企業経営に関する発表など、企業が発信したい情報がある場合、メディア側からの問い合わせや

取材依頼を待つのではなく、企業側から「プレスリリース」などを通して、積極的に情報提供していく必要があります。

プレスリリースとは、企業が商品やサービス、企業経営に関する情報などを報道・メディア関係者に向けて配信する文書のことで、パブリシティの基本となります。企業が効果的な広報活動を行うには、以下のポイントに留意します。

①**メディア・報道機関とのコミュニケーション**

自社のターゲットとなる顧客にリーチ可能なテレビ番組や新聞、雑誌などの各メディアの特徴や、担当記者や編集者らがどのような情報に関心を持っているかなどについて、しっかりと把握しておきます。特に、自社のニュースや情報を報道してほしいメディアに対しては、日ごろから活発なコミュニケーションを図るなど、友好関係を築いておくことが企業の危機管理の観点からも非常に重要となります。また、一度の情報提供で取り上げてもらえなくても、定期的に発信し続けることで報道される確率を高めていくことができます。

②**メディアの関心を集める情報の選定**

自社の商品やサービスなどに関するニュースや記事を多く取り上げてもらうには、メディアの興味を引くような情報を提供していくことが必要です。特に、「新規性やユニーク性がある」、「ナンバーワンである」、「感情に訴えかける」など、メディアの関心を集めるような情報であるかどうかを常に意識することが重要です。

③**プレスリリースの作成・配信**

プレスリリースを作成する際には、事前にメディア・報道機関からの問い合わせや取材依頼などに対応する担当者を決定することが必要です（プレスリリースの作成方法については図表7-4を参照）。また、プレスリリースの配信時には、メディアからの問い合わせに対するQ&A（想定問答集）を事前に作成し、企業の経営陣と連携するなど、社内で統一された情報を発信するように準備しておくことも非常に重要です。

図表 7-4　プレスリリースの作成方法

冒頭

プレスリリースであること・日付・会社名（情報発信元）を記載、挨拶文は不要。

タイトル

メインタイトルは商品やサービス名、いつから、何を、どうするかを簡潔に記載する。

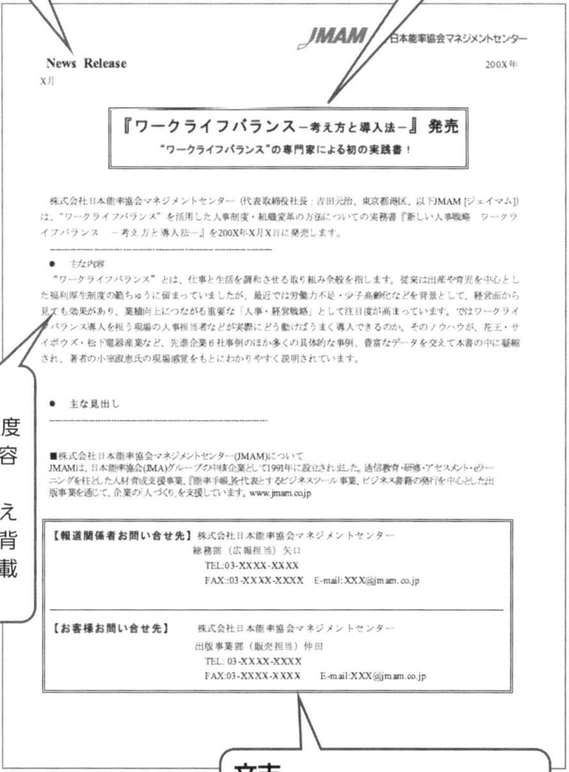

JMAM 日本能率協会マネジメントセンター

News Release

200X年X月

『ワークライフバランス－考え方と導入法－』 発売

"ワークライフバランス"の専門家による初の実践書！

株式会社日本能率協会マネジメントセンター（代表取締役社長：吉田元治，東京都港区，以下JMAM［ジェイマム］）は，"ワークライフバランス"を活用した人事制度・組織変革の方法についての実務書『新しい人事戦略　ワークライフバランス　─考え方と導入法─』を200X年X月X日に発売します。

- 主な内容

"ワークライフバランス"とは、仕事と生活を調和させる取り組み全般を指します。従来は出産や育児を中心とした福利厚生制度の範ちゅうに留まっていましたが、最近では労働力不足・少子高齢化などを背景として、経営面から見ても効果があり、業績向上につながる重要な「人事・経営戦略」として注目度が高まっています。ではワークライフバランス導入を担う現場の人事担当者などが実際にどう動けばうまく導入できるのか。そのノウハウが、花王・サイボウズ・松下電器産業など、先進企業6社事例のほか多くの具体的な事例、豊富なデータを交えて本書の中に凝縮され、著者の小室淑恵氏の現場感覚をもとにわかりやすく説明されています。

- 主な見出し

■株式会社日本能率協会マネジメントセンター(JMAM)について

JMAMは、日本能率協会(JMA)グループの中核企業として1991年に設立されました。通信教育・研修・アセスメント・eラーニングを柱とした人材育成支援事業、『能率手帳』を代表とするビジネスツール事業、ビジネス書籍の発行を中心とした出版事業を通じて、企業の「人づくり」を支援しています。www.jmam.co.jp

【報道関係者お問い合せ先】 株式会社日本能率協会マネジメントセンター
総務部（広報担当）矢口
TEL:03-XXXX-XXXX
FAX::03-XXXX-XXXX　E-mail:XXX@jmam.co.jp

【お客様お問い合せ先】 株式会社日本能率協会マネジメントセンター
出版事業部（販売担当）仲田
TEL: 03-XXXX-XXXX
FAX:03-XXXX-XXXX　E-mail:XXX@jmam.co.jp

リードと本文

リード文は3行程度で要旨が伝わる内容にする。
本文では、最も伝えたい情報や特徴、背景、展望などを記載する。

文末

会社や情報発信元の概要、プレスリリースに関する問い合わせ先、広報担当者の情報などを記載。

わかりやすく、簡潔に、客観的に記入する。A4判2ページ程度が基本

7 ›› 販売促進で短期的な売上拡大を目指す

販売促進は、消費者や取引業者の需要を刺激し、短期的に売上を拡大させるためのコミュニケーション手段です。広告が消費者に直接働きかけて興味や関心を引きつけながら、ブランド・ロイヤリティを形成していくのに対し、販売促進は消費者や取引業者へのインセンティブによって、自社の商品やサービスの購買を促し、既存のブランド・ロイヤリティを打ち破っていく方法です。したがって、長期的な市場シェアの獲得は望みにくいという側面があります。

◆ 対象は消費者・取引業者・社内販売担当者

販売促進は大きく分けると、企業が消費者を対象に行う「消費者向け販売促進」と、企業が流通業者などの取引業者に対して行う「取引業者向け販売促進」、そして、企業内の販売担当者を対象とする「社内販売担当者向け販売促進」の3つの形態があります（図表7-5）。

①消費者向け販売促進

メーカーなどの企業が消費者に対して「直接的に」働きかける方法と、小売店などの「流通業者らを介して」行う方法の2つがあります。どちらも普段からよく目にするなど、私たちの身近でさまざまな手法が取られています。

企業が直接的に行う手法の代表的なものとして、「サンプリング」や「モニタリング」、「クーポン配布」、「懸賞・くじ」、「おまけ・増量」、「キャッシュバック」、「ポイント還元」などがあります。また、流通業者を介して行う手法としては、「チラシ広告」や「値引き」、「実演販売」、「特別店頭ディスプレイ」などがあり、小売店の店頭などで消費者の購買に直結させられることから、短期間での売上増大に非常に有効だといえるでしょう。

②取引業者向け販売促進

メーカーなどの企業が卸売業者や小売業者などの取引業者に対して働

図表 7-5　販売促進の方法

消費者向け	取引業者向け	社内販売担当者向け
●サンプリング ●モニタリング ●クーポン配布 ●懸賞・くじ ●おまけ ●増量 ●キャッシュバック ●ポイント還元 ●チラシ広告 ●値引き ●実演販売 ●特別店頭ディスプレイ 　　　　　　　など	●アローワンス（報奨金） ●販売コンテスト ●店頭 POP ツール提供 ●無料商品・サンプリング提供 ●協賛金 ●販売助成 ●応援販売員派遣　など	●社内コンテスト ●販売促進会議 ●特別賞与 ●報奨金　など

出典：小川孔輔『マネジメント・テキスト マーケティング入門』（日本経済新聞出版社）を参考に作成

きかける方法で、販売店向けのプロモーションとしてだけでなく、販売店の売上アップなどを目指して行います。代表的な手法として、流通業者らの販売努力に対して支払われる報奨金などの「アローワンス」や、賞品を懸けて売上高の順位を競う「販売コンテスト」、販売活動を援助する「販売助成」などがあります。販売助成には、店頭 POP ツールや無料商品などの提供や、広告やイベントなどへの協賛金、応援販売員派遣などがあります。

③社内販売担当者向け販売促進

社内の販売担当者らを対象に、「社内コンテスト」や「販売促進会議」、「特別賞与」、「報奨金」などのインセンティブを提供することによって、組織内部の販売意識を促進し、販売技術を高めるために行います。

◆ 販売促進施策の有効性を見極める

販売促進は短期的に売上を増大させやすいことから、コミュニケー

ション戦略費全体に占める販売促進費の割合が近年増加傾向にあるなど、販売促進の重要度が高まっています。今後、より効果的な販売促進を行っていくには、実施する販売促進施策の有効性について考慮したうえで、販売促進戦略を策定する必要があります。

　まず、販売促進には、企業が売上を拡大させるまでの期間が「**短期型手法**」と「**長期型手法**」があり、それぞれに特徴やメリットがあります。例えば、短期型手法の「**おまけ・増量**」や「**実演販売**」などは、消費者が即座に購買する可能性が高く、購買と売上増大が同時に達成されます。一方で、長期型手法の「**懸賞・くじ**」や「**キャッシュバック**」、「**ポイント還元**」などは、消費者による次回の購買までの期間が長く、企業側が売上増を実現するまでに長い時間を要します。このように、長期型手法は販売促進の効果が表れるまでに時間がかかりますが、長期にわたって消費者が商品やサービスの購買を続けることにもつながり、顧客のロイヤリティを高めるという効果があります。したがって、長期型手法はリピーター顧客の獲得や、既存顧客のロイヤリティを高めるのに非常に効果的です。逆に、短期型手法は新規顧客を獲得するのに有効といえるでしょう。

　また、「**価格型手法**」か「**付加価値型手法**」かということにも留意しておきましょう。価格型手法は、小売店の店頭などで、通常価格から「値引き」して、消費者の購買を促す手法です。この手法は購買までに直結しやすく、非常に効果的ですが、多用しすぎると消費者が慣れてしまい、ブランド・イメージが低下する恐れもあります。一方で、付加価値型手法は価格を一切変えず、代わりに「おまけ・増量」や「懸賞・くじ」、「ポイント還元」などの付加価値を付与することによって購買需要を喚起します。付加価値型手法はブランド・イメージを損なうことなく、顧客との長期的な関係を築き、ロイヤルカスタマーを獲得することにもつながります。

8 ›› 人的販売のプロセス

◆ 人的販売の意義

　人的販売とは、店頭販売員や営業担当者が直接顧客と接することによって、自社の商品やサービスに関する情報やメッセージを顧客に的確に伝える双方向的なコミュニケーション手段です。顧客との直接的な会話を通したコミュニケーションのため、特に商品やサービスを購入するかどうか迷っている顧客に対し、購入を説得するなどの効果が非常に高いといえます。また、顧客から直接、商品やサービスに関する不満や要望などのさまざまなフィードバックを得られることも大きなメリットでしょう。

　その一方で、近年はインターネットやSNSの普及などで顧客の知識や情報量が増加し、また、顧客との直接的な接点が減少傾向にあることから、企業にとって人的販売の機会は今後さらに貴重なものとなることが考えられます。したがって、自社の商品やサービスに関する情報を顧客に適切に届けたり、顧客の問題を解決したりするだけでなく、限られた機会や時間を有効に活用しながら、企業への的確なフィードバックを獲得していくことが重要です。そのためには、人的販売の中心となる、優秀な店頭販売員や営業担当者の存在が欠かせません。

◆ 人的販売のプロセス

　人的販売のプロセスは、①顧客へのアプローチ、②顧客ニーズの探索、③顧客への商品・サービスの提案、④取引契約・商品購買の4つの段階を経て行われます。

①顧客へのアプローチ

　店頭販売員や営業担当者らが自社の商品・サービスに関する情報やメッセージを伝えるために、顧客との直接的な接点を持ちます。例えば、店頭や売り場で顧客に声かけをしたり、逆に、アドバイスなどを求めて

顧客側から声をかけてきやすい雰囲気を作ったりするなどの行為が第1段階に当たります。

②顧客ニーズの探索

次に、顧客との会話を通して、「顧客が何を求めているのか」「顧客は何を解決しようとしているのか」といった、顧客のニーズを明確にしていきます。デパートの婦人服売り場での接客を例に挙げると、「顧客はどのような服を探しているのか」「どのようなニーズを満たすために、その服が必要なのか」といったことを顧客との会話の中で探索していきます。そして、顧客が「週末に控えた会食で着用するためのフォーマルなドレスの購入を検討している」ことを導き出します。

③顧客への商品・サービスの提案

第2段階で明確にした顧客のニーズに基づいて、販売員から顧客に商品やサービスの提案や説明を行います。先ほどの婦人服売り場の例であれば、顧客の好みやサイズ、会食のシチュエーションなどの要件にあわせ、さまざまな候補の商品を提示します。その際、ドレスに合うようなアクセサリーやバッグなどの小物類を同時に提案することもできるでしょう。このようにして、最終的に顧客に対して購買の説得を行っていきます。

④取引契約・商品購買

最終段階は、顧客との取引の契約、つまり、顧客による商品やサービスの購買です。顧客と価格や支払い条件について交渉し、顧客が納得したうえで取引契約、または購買を行います。顧客が交渉内容について納得しない場合は、価格の引き下げやサービスの付加、支払条件の変更を提案するなど、取引成立または、購買後に顧客に満足してもらえるような状況を作ることが重要です。

人的販売は引き続き重要ですが、人口減少で人手不足が課題となっていく日本においては今後、①本当に人がしなくてはいけないものは何かを明確にし、それ以外はデジタルやAIと分担する、②顧客を大切にしながらも、場合によっては社員を守るという視点を持つことも必要にな

るでしょう。

9 » プッシュ戦略とプル戦略

コミュニケーション戦略には大別すると、「プッシュ戦略」と、「プル戦略」の2つの戦略があり、コミュニケーション戦略を策定する際は、これらの戦略をどう組み合わせるかを意識する必要があります（図表7-6）。

◆ プッシュ戦略

プッシュ戦略は、企業が流通業者らに対して販売促進を行い、それを受けた流通業者が消費者に対して商品やサービスの購入をプッシュしていく戦略です。例えば、メーカー企業はまず、卸売業者らに対して製品の説明や価格値引き、資金援助などのインセンティブの提供を行い、その後、卸売業者側は小売業者らに対して人的販売や販売指導、販売意欲の喚起といった販売促進策を行います。そして最終的に、今度は小売業者側が消費者に対し、積極的に商品やサービスの優位性を説くことで購買を促します。プッシュ戦略は通常、営業担当者らを中心に進められ、流通チャネルに働きかける戦略でもあることから、流通戦略についても同時に考慮していく必要があります。

◆ プル戦略

一方、**プル戦略**は、マスメディアなどを活用し、比較的大規模な広告活動で直接的に消費者に働きかけ、消費者を小売店などに引き寄せて（プル）購買を促す戦略です。プル戦略はメーカー企業が広告やパブリシティによって、消費者に自社の商品やサービスをいわば"指名買い"させることを目的としています。したがって、ラグジュアリー・ブランドのような、ブランド・ロイヤリティの高い商品やサービスに適しているといえるでしょう。

◆ 相互補完のプッシュとプル

　コミュニケーション戦略を行ううえでは、プッシュ戦略とプル戦略を相互補完的かつ、効果的に組み合わせることが重要です。例えば、菓子メーカーが新商品を発売する場合、プッシュ戦略を重視するという理由から、広告活動を一切行わなければ、いくら有利なインセンティブを提示したとしても、流通業者らはそのメーカーの商品を積極的に取り扱わない可能性が高いでしょう。実際に、直接消費者に対して販売促進活動を行う小売店の立場からすれば、当該商品について全く知らない消費者よりも、広告やパブリシティで既にある程度の情報を得ている消費者に対してのほうが購買を促しやすいのです。その一方で、プル戦略を重視するあまり、流通業者らの販売促進のサポートを怠るようなことがあれば、流通業者はより好条件を提示してくれる他企業の商品を優先する可能性もあるでしょう。したがって、プッシュ戦略とプル戦略はどちらかだけで十分ということはなく、商品やサービスに応じた最適な組み合わせを検討することが重要なのです。

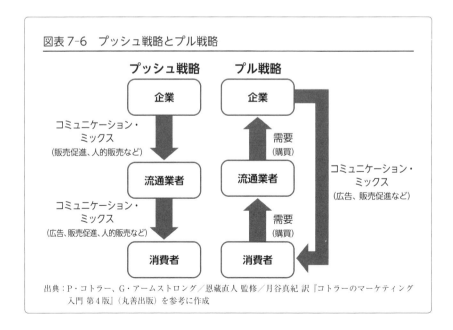

図表7-6　プッシュ戦略とプル戦略

出典：P・コトラー、G・アームストロング／恩藏直人 監修／月谷真紀 訳『コトラーのマーケティング入門 第4版』（丸善出版）を参考に作成

コラム 4
採用マーケティング

　人事の世界でも採用 "マーケティング" という概念が浸透してきています。採用担当者は必ずしもマーケティング手法に通じている訳ではないですが、優秀な採用担当者は自然と正しい採用マーケティングを実践していることが多いです。

◆ 採用マーケティングと 3C

　まず 3C です。カスタマーである採用候補者（Customer）、自社（Company）、そして競合（Competitor）を分析し、自社が最も効果的に採用候補者の注意を引き、アトラクトし、採用できるかを綿密に分析しています。最近は AI 開発を実行できるエンジニアが引く手数多な状況であり、どのようにして自社にフィット感が高い人材を他社に奪われずに、採用するかが、喫緊の課題になっています。3C 分析が出来ていない採用担当者は、ないものねだりをしたり、競合に劣後する条件を設定したりするなど、運任せのエンジニア採用活動になり、採用に苦労する羽目に陥っています。

◆ 採用マーケティングと STP

　次に、STP です。一口にエンジニアといっても、実は多様な属性を持っています。プログラミング言語などのスキル、開発するプロダクトの種類、プロダクト開発での役割、性格特性、キャリア志向などは大きく異なります。これらの属性を正しく理解し、自社との文化的フィット、事業開発上の優先度などでエンジニアを正しくセグメンテーションする必要があります。さまざまな属性から行ったセグメンテーションをベースに、自社が狙いたいエンジニアを特定（ターゲティング）します。20 代で、ベンチャーなどの小規模企業での経験を持つ、コンシューマー寄りの製

品開発に関わり、社会的課題の解決を志向する人材などです。オンラインで料理レシピサイトを展開するクックパッドは、消費者の役に立つ製品を開発したい人材をターゲットにしています。一方携帯ゲーム開発会社は、とにかく自分がおもしろいと思えるもの、お金が稼げることなどを志向するエンジニアをターゲットにするなど、採用ターゲットが異なります。3C分析も踏まえターゲットセグメントに訴求できる自社ならではの強みを活かして、自社をポジショニングします。携帯ゲーム会社では市場認知度の高い人気ゲームのリストなどで自社を効果的にポジションニングしています。

◆ 採用マーケティングと 4P

　正しく採用マーケティングを実施している採用担当者は3CとSTPに従い、最適な4P戦略も実行しています。Productは具体的な募集ポジションであり、何がそのポジションの魅力なのかを適切に定義し、採用コミュニケーションに落とし込んでいます。Priceも自社の採用競争力（企業のブランド力の強さを含めて）に応じて、どのレベルの報酬であれば候補者を採用出来るのかを適切に設定する必要があります。採用競争力が高ければ市場水準レベルよりも低い報酬レベルでも採用することは可能です。Placeはどのチャネルを使って候補者にリーチするかということになりますが、採用ターゲットに応じて、自社HP、友人・知人からの紹介、LinkedIn、採用エージェントを使った採用など効果的なチャネルは異なります。メルカリは友人・知人からの紹介であるリファラル採用を有力な採用チャネルとして位置づけています。メルカリの文化を知っている、メルカリの魅力を正しく伝えられる社内人材からの紹介が効果的な採用チャネルであることを理解しているのです。Promotionはどのように自社の採用プロモーションを行うかということになりますが、採用イベントや新聞・雑誌での告知、採用ポータルでの告知などがあります。メルカリのリファラル採用の場合、社員自身が自社の魅力を伝えるプロモーション媒体となっています。

◆ 採用マーケティングの今とこれから

　最近は履歴書をAI判定したり、候補者群をビッグデータからセグメンテーションしたり、自社とのフィットが高い人材を特定する、初期面接プロセスを機械で行うなど、デジタル採用活動も増加しています。デジタル採用の強みは人間のバイアスを排除できることにあります。ただ採用活動におけるデジタル化はまだまだ発展途上にあります。

　これらの採用におけるマーケティングプロセスを実践していない採用担当者にありがちなケースは、ぼやっとしたターゲットに、ぼやっとしたポジションを、ぼやっとした条件で提示し、いつまで経っても採用できず、そして採用できない理由がわからないというものです。エンジニアもベンチャーでチャレンジしたいという人がいる一方、実は大企業のブランド、安定性を求める人もいます。期待する報酬もセグメント・人によりバラバラです。必要な情報はいくらでも入手できる今、候補者のほうがよく自分をマーケティングできている場合も多い。採用にもマーケティングの確かな方法論に基づいた戦略策定、プランニング、実行が求められています。

第2部

マーケティングの応用と展開

第 **8** 章

製品とサービスの
育て方：
ブランドとCRM

●製品はライフサイクルが存在すると考えられ、大別して①導入期、②成長期、③成熟期、④衰退期の４つのフェーズに区分けし、それを製品ライフサイクルと呼ぶ。このフェーズごとに主対象とする顧客層やそれに対応する打ち手も変わる。

●ブランドは、企業の視点からは消費者の「製品に対する忠誠心」を高め、ほかの製品と差別化して識別してもらうための目印であり、顧客視点からは何らかの保証に繋がる。多様な定義のあるブランドだが、ビジネス実務ではブランドは「お客さんとの約束」であると考えるとよい。

●近年のマーケティングはその目的を「商品を起点にしてそのポジショニングを伝え、認知をさせて売ること」から、「顧客の視点を起点にどのように顧客体験を創造するかを考え、その顧客体験の中に製品やサービスが組み込まれることを期待する」という「顧客中心主義」の考え方へと変化させつつある。その中核的な概念が「顧客経験価値」である。

● CRM（Customer Relationship Management）は既存顧客を適切に管理するための手法。これには、収益性向上の観点からは「既存顧客の維持」が効果的である場合が多いという考えが背景となる。

　第１部まではスパイラル・マーケティングの基本的な考えとそれを構成する STP と 4P を中心に話を進めてきました。第２部では重要なテーマを選択して紹介していきます。この章では主に製品を育成していくコンセプトを説明します。製品の成長と衰退を描く製品ライフサイクル、製品の価値を増大（場合によっては弱体）化するブランドマネジメント、顧客との関係性を管理する CRM（Customer Relationship Management）の３つです。

1 ›› 市場のライフサイクル進化と戦略

◆ ライフサイクルごとに顧客層やニーズは変わる

　新製品開発、製品マネジメントを中長期にうまく管理するために**製品ライフサイクル**という概念が使われています。

　これは製品を人間の成長になぞらえて成長と衰退の流れを考えた概念です。ライフサイクルは大別すると、①**導入期**、②**成長期**、③**成熟期**、④**衰退期**の4つのフェーズに区分けされます（図表8-1）。カーブがSに似ていることから**S字カーブ**とも呼ばれています。

　これらの各段階に対するマーケティング戦略の定石のようなものが存在し、発展段階によって最適な打ち手が変わってくると考えられています。各段階の特徴を整理してみましょう。

　①**導入期**：まだ市場は立ち上がっていないため、製品の認知度を高めていく段階。コアとなる先進的なユーザーをつかんでいくことが必要。マーケティング費用はかかり、利益は出にくい。

　②**成長期**：売上が雪ダルマ式に増えていくフェーズ。このフェーズに至らないまま市場から姿を消していく商品も多い。製品は認知され、市場も拡大するが、競合が増え始め、自社の生産体制や広告体制をきちんと整備しないとチャンスを逃してしまう結果となる。

　③**成熟期**：製品が顧客に十分認知され、新たな顧客獲得が難しくなってくるフェーズ。この段階になると自社の体制は整っているはずだが、競争が激化するために価格競争に陥りがち。製品のマイナーチェンジ、ターゲット顧客セグメントの再定義などが必要になる。

　④**衰退期**：顧客が製品に飽きたり、代替品が登場したりなどで製品が陳腐化してしまう。この状態になると売上と利益が下降し始めるため、利益の見込み次第では製品の販売を中止し、市場から撤退する、製品の大幅なリニューアルをするなど、てこ入れが求められる時期。

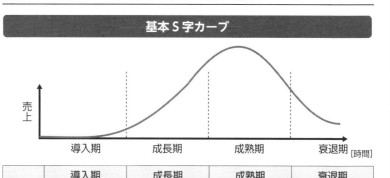

	導入期	成長期	成熟期	衰退期
特性				
売上高	低調	急速に上昇	ピーク	減少
コスト	顧客1人につき高コスト	顧客1人につき平均的コスト	顧客1人につき低コスト	顧客1人につき低コスト
利益	マイナス	上昇	高利益	減少
顧客	革新者	初期採用者	追随者	遅滞者
競合他社	ほとんどなし	増加	安定から減少	減少
目的	製品の製造と試用	市場シェアの最大化	市場シェアを守りながら利益を最大化	支出を減らす、ブランドから利益を引き出す
戦略（典型例）				
製品	基本的製品を提供	製品拡張、サービス、保証を提供	ブランドやモデルを多様化	弱いアイテムを消滅させる
価格	コストプラス方式を採用	市場浸透価格	競合他社に匹敵する、あるいは打ち勝つための価格	値下げ
流通	選択的流通	開放的流通	開放的流通	選択的流通に戻る（利益の上がらない販路を消滅させる）
広告	初期採用者とディーラーの間に製品知名を築く	マスマーケットに知名と関心を築く	ブランドとベネフィットを強調	中核となるロイヤルユーザーの維持に必要なレベルまで縮小
販売促進	製品試用を促すため、大規模な販売促進を展開	縮小し、大量の消費者需要を利用	ブランド・スイッチを促すために拡大	最小限に縮小

これは基本的な考え方だが、実戦ではさまざまな例外も出てくる

出典：池上重輔（監修）／グローバルタスクフォース『図解わかる！MBAマーケティング』（PHP研究所）

◆ ライフサイクルを管理する

　自社の製品が現時点で4つのフェーズのどのあたりにいるのかを考え、打ち手を調整していきます。

　多くの商品がライフサイクルをたどりますが、規制その他の外部環境要素が加わったり、想定しなかった利用シーンが突然増えるなど場合によっては、すべての製品が上図のようなライフサイクルを経るわけではないこともあります。

　製品ライフサイクルをうまく管理する上で、ライフサイクルのなかでどのようにブランド資産を育成し展開するか、その間に顧客との関係を管理するかは重要なテーマになってきます。以下ブランドと顧客関係の管理について述べていきます。

2» ブランド①：ブランド名は商品名を超えた "顧客との約束"

　マーケティングの担当者でなくてもブランドという言葉はよく使いますが、改まって「ブランドって何？」「商品名と何が違うの？」と問われると、うまくこたえられる人は少ないのではないでしょうか。

◆ ブランドは企業と顧客両方にメリットをもたらす

　米国マーケティング協会のブランドの定義は「ある売り手、あるいは売り手の集団の製品およびサービスを識別し、競合相手の製品およびサービスと差別化することを意図した名称・言葉・サイン・シンボル・デザイン・あるいはその組み合わせ」となっています。

　つまり、**ブランドは、消費者の「製品に対する忠誠心」を高め、ほかの製品と差別化して識別してもらうための目印といえるでしょう。**

　これは企業側の視点からブランドを定義しているものです。競合が類似する商品を出してきても自社の製品・サービスを選んでもらう競争優

位性の源泉となるのがブランドなのです。ブランドは消費者にその商品を選んでもらえるための信頼される価値が約束されていること、**「お客さまとの約束」**であると考えてよいでしょう。

♦ ブランド・エクイティ

またブランドは資産価値（**ブランド・エクイティ**）を持ち、これらの構築こそが、企業と顧客の双方にメリットをもたらす源と考えられています。では、その資産価値とはどのような要素で構成されるのでしょうか。

デイビッド・A・アーカーが提唱したブランド・エクイティには、主に5つの要素があります（図表8-2）。

①ブランド認知
②知覚品質
③ブランド連想
④ブランド・ロイヤリティ
⑤その他ブランド資産

これらのブランド・エクイティの構成要素は、そのブランドがそれぞ

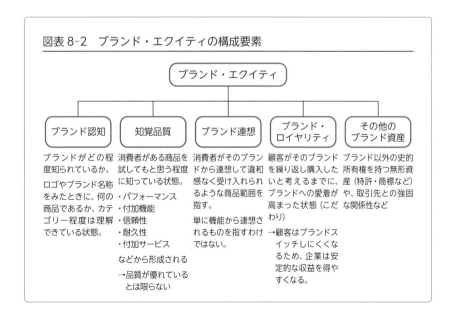

図表8-2　ブランド・エクイティの構成要素

れの要素をどの程度持っているかを継続的に把握し、またこれを経年的に比較することにより、そのブランドの到達すべき目標を可視化し、目標設定しやすくし、ブランド戦略を構築するのに役立ちます。

　ブランド認知、**知覚品質**、**ブランド・ロイヤリティ**は、ブランドを知り購入し、気に入って継続的に購入するというブランドそのものに対する評価です。これらはどのようなブランド施策を実行すべきかという戦略に対する示唆となります。知覚品質の中の付加価値には感性的な価値も含まれます。これに対して、ブランド連想は、ブランドの範囲を規定

図表 8-3　ブランドのメリット

企業から見たメリット

● 愛用客を作ることができる

● 付加価値が得られる

● 流通交渉力を持つことができる

● 販売努力が最小で済む

ブランド＝お客さまとの約束

顧客から見たメリット

● 選択の手間が省ける

● 選択の時間が省ける

● 安心感が得られる

"日立なら大丈夫…"
"フェラーリに乗っていると嬉しい…"

ブランド＝最低限の品質の保証、満足度の向上

するもので、ブランド・エクステンションなどのブランド拡張の規模を考える上での示唆になります。

　ブランド・エクイティを構築することは、企業側だけではなく、顧客にとっても、メリットになります。

　たとえば、ブランドの認知が上がることによって、顧客は実際にその商品を使用しなくとも、どのような価値を提供するものなのか知ることができます。また、ブランドの知覚品質は、「そのブランドがどの程度の品質の保証をしてくれるものか」を判断する材料になります。ブランド・ロイヤリティの高いブランドであれば、そのブランドによって高い満足度が得られるということを推測することができます。

　「日立の製品なら品質もアフターケアも問題ないだろう」という認識を持つのは、ブランドによる最低品質保証を知覚している表れであり、シャネルの服が経済的に合理的な価格以上の値であったとしても、好む顧客がいるのは、機能性以上の心理的満足を満たす高いブランド・ロイヤリティ要素があるからであると考えられます。

　このようにブランドは、企業と顧客の双方に実質的なメリットをもたらすものと考えられています（図表 8-3）。

3 » ブランド②：ブランドの基本要素と拡張要素

　望ましいブランド・エクイティを形成・維持していくためには、どのようなブランド戦略を作り、どのようなブランド施策を実施すべきでしょうか。

　またブランド戦略は、企業のマーケティング活動で行われるすべてのコミュニケーションの方向性を定めるものであり、その実施の担い手は、企業の全ての部署に及びます。このため、ブランド戦略は、すべての人に明確に理解され、方向性のあった実施が求められます。

　ブランドを具体的に表現するロゴやシンボルなどの基本的な要素もあれば、概念レベルで社内の共通認識をはかるものまで、多層に存在する

のです。

♦ ブランドの基本的な構成要素と拡張された構成要素

　ブランドはさまざまなものによって総合的に構築されます。最低限の要素として、以下のようなものが挙げられます（図表8-4）。

　①**ブランド・ネーム**：ブランドの名称・名前

　②**ロゴ・シンボル**：ブランド名をかたどって作られたものが多く、言語圏が違っても認識できる。　例）ルイ・ヴィトン、ナイキ

　③**キャラクター**：ロゴに似ており、その発展形。　例）ペコちゃん

　④**スローガン**：ブランドを説明するコピー。　例）Just Do It（ナイキ）

　⑤**ジングル**：ブランドをイメージさせる音楽。　例）「インテルのテーマ」

　⑥**パッケージング**：製品の容器や包装のデザイン。　例）コカ・コーラの赤を基調としたボトルデザインなど。

　過去はこうした要素を管理することがブランド・マネジメントでした。近年、企業が強いブランドを構築するためには、顧客とのあらゆる接点をブランドの構成要素として広く認識することが必要になってきました。つまり、広義のブランド構成要素として、顧客に関わる企業活動の全て、すなわちマーケティング・ミックスに関わる4P＝製品・価格・流通・プロモーションは当然として、場合によってはバックオフィスの人々（カスタマーサポートでの受け答えなど全ての接点）にまで拡張して考える必要が出てきたのです。

♦ ブランド戦略の構成要素

　ブランド戦略は、消費者、取引先や社外の人や、従業員も含めた全てのブランド関係者に、ブランドの認知や連想を確立するために、共通の認識を確立させることが重要となります。ブランド戦略は、企業のマーケティング活動で行われるすべてのコミュニケーションの方向性を定めるものと考えると、活動に関わるすべての人々がブランド戦略を的確に理解し、施策の方向性を誤らないようにする必要があります。

　経験価値マーケティングの観点から、バーンド・H・シュミットは、

ブランド戦略の構成要素として、①**ブランド・コア**、②**ブランド・パーソナリティ**、③**ブランド・ポジショニング**、を挙げています。これらを明確にすることにより、個々のブランド施策や構成する要素に一貫性が生まれ、望ましいブランド・エクイティの構築を可能とします。

①**ブランド・コア**：ブランドのエッセンスを抽出した抽象度の高い「ブランドを表すフレーズ」で、そのブランド活動のすべてがコアに関連づけられ、統合されている表現。全ての施策はブランド・コアを基にして、一貫性を持たせることを目指します。そのため、シンプルに実務に展開させることのできる表現であることが大切です。

②**ブランド・パーソナリティ**：コアよりもブランドに具体性を持たせ、よりイメージを共有しやすくするために作られる「ブランドの人格」人間のパーソナリティを表現するのと同じように、ブランドを語るイメージ人格です。

③**ブランド・ポジショニング**：顧客の頭のなかにブランドのイメージを形作るための要素をまとめるステートメント。より具体的に、誰にどのような状況で、どのような方法で提供するのか、といったような要素を、ステートメントや、イメージキーワードなどにまとめたもの。

◆ ブランド階層の管理

ブランド・マネジメントでは構成要素以外に、ブランド階層の管理も必要です。ブランドは以下のような階層に分けられます。

①**グループブランド**：企業グループ全体の統一ブランド
②**コーポレートブランド**：各企業を表すブランド
③**事業ブランド**：事業単位ごとのブランド
④**カテゴリーブランド**：製品グループやあるサービス分野のブランド
⑤**個別商品（ネーミングもしくは商品ブランド）**：製品単位ごとのブランド

これらのブランド階層を整理し、複数ブランド間で重複感を避けるために、それぞれのブランドや商品を体系立てて整理する必要があります。

図表 8-4　ブランドを構成する要素

基本要素

ブランド・ネーム

● 例）シャネル、ルイ・ヴィトン、アップル等

ロゴ・シンボル

● 例）ソフトバンクグループは通信事業進出を機に新たにイコールマークをシンボル化したロゴを制定した。坂本龍馬率いる海援隊の旗印をモチーフにし、情報革命の担い手としての企業姿勢を表現している

キャラクター

● 例）ケロッグのトニー・ザ・タイガー（楽しさ、親しみやすさ）
● 例）ヤマト運輸の黒ネコ（子猫を運ぶ親猫、大切な扱いのイメージ）

スローガン

● 例）Eat Well, Live Well.（味の素）

ジングル

● 例）インテル搭載品を示すジングル

パッケージング

● 例）ティファニーのエメラルドグリーンのギフトボックス
● 例）コカ・コーラの赤いボトルデザイン

拡張要素

4Pから社内バックオフィスまで

4 » ブランド③：強いブランドのキーワードは一貫性

◆ 3つの一貫性が強いブランドを作る

　強いブランドを作るキーワードは "**一貫性**" です。特に、①製品間の一貫性、②時間を越えた一貫性、③顧客との接点の一貫性、の3つの点で一貫性を持つことが強いブランド作りには必要です。

◆ 一貫性その①：製品間の一貫性

　そのブランド名を冠したすべての製品、サービス感でお客さんに約束しているもの（品質・製品クラス、イメージなど）が一貫していることです。もし、ある高級品で定評のあるブランドがそのブランド・イメージにそぐわない製品分野に進出したら、それを見たお客さんはがっかりするのではないでしょうか。アルマーニのファンは、"アルマーニ製の孫の手" は見たくないのです。あるいはラフでカジュアルなイメージのブランドが高級スーツを出してもお客さんは混乱します。リーバイスが以前スーツを出して失敗したのは有名な話です。製品間の一貫性を考える際には、先のページで見た階層のどの部分で一貫性を保つかを考えるとよいでしょう。

◆ ソニーのブランドマネジメント

　日本企業の中で強いブランド企業の代名詞ともいわれるソニーを考えてみましょう（図表8-5）。「SONY」は企業グループ全体を取りまとめるグループブランドです。その下にソニー・ミュージックーやソニー・ピクチャーズといったコーポレート（企業）ブランド、プレイステーションやウォークマンというような製品ブランド、さらにその下にはさまざまな個別商品が存在します。SONY という企業グループ全体では "革新的な製品を、高品質で提供する" ことを約束し、個別のブランドは例えば "革新的なエンターテインメントを提供する" というように、同じ

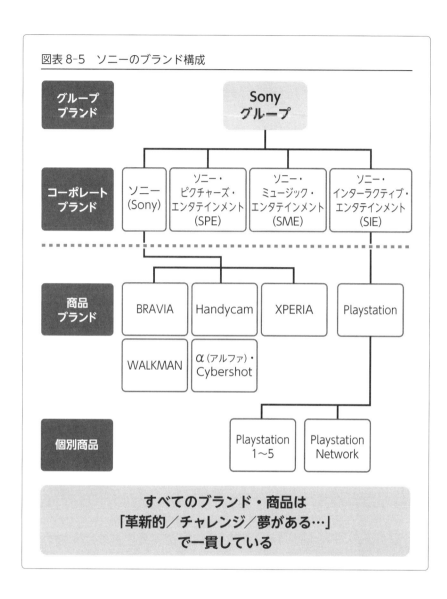

図表 8-5　ソニーのブランド構成

SONY ブランドを冠するものの間では "革新的" という一貫性が保たれているのです。

◆ 一貫性その②：時間を超えた一貫性

強いブランドはいきなり作れません。ある程度の蓄積が必要ですが、

その際にブランドのコアメッセージとして顧客に伝えていることに一貫性が必要です。伝えたいことをコロコロ変えてはいけないということです。時代の変化に合わせてブランドをリニューアルすることはありますが、時代を超えて変えない“ブランドのコア”を明確にして維持していくのです。P&Gが米国でリニューアルして売り出した液体洗剤「ジョイ」はそのポジショニングを“手へのやさしさ”から“洗浄力の強さ、機能性”に変更したことからブランド・イメージが曖昧となり、トップブランドから転げ落ちた、という例もあります。

◆ 一貫性その③：顧客との接点の一貫性

先述したブランドの構成要素のすべてでそのブランドはお客さんとの約束を守らなければなりません（図表8-6）。

製品・広告・パッケージなどでブランド・イメージを一貫させるのは意識しやすいですが、ほかにもブランドはさまざまな場所で顧客と接しています。例えばWebサイトです。高級ブランドのWebサイトがブランド・イメージにそぐわない貧弱なもので、がっかりさせられることがあります。商品の配送やバックオフィスでのカスタマーサービスも顧客接点ですが、顧客第一主義をうたっているブランドがぞんざいなサービスでイメージを落とす例も後を絶ちません。組織全体を顧客接点という視点で見直すことが強いブランド作りには必要なのです。

ビジネスがグローバル化してきた昨今ではこれらの3つの一貫性に加えて、グローバルな一貫性も求められるようになってきています。グローバルなブランドの位置づけを一貫させておかないと、海外に行った顧客が自国と違うように位置づけられたブランドを見て、そのブランドの評価を下げてしまうことがあるのです。

図表 8-6　顧客接点を考える軸

【プロセスで考える】

- 情報収集、購入交渉、使用、
  アフターサービス・メンテナンス、廃棄

  ・使用プロセス：車であれば顧客接点は運転
  しているときだけではなく、鍵を開ける、
  座る、ドアを閉める、エンジンをかけるな
  どのさまざまなプロセスがある

【接する人で考える】

- 営業担当者が、店員が
- サポートスタッフが
- コールセンター等のスタッフが

【場で考える】

- 店頭で、広告で、ほかの人が
  使っている状況で

【メディア・ツールで考える】

- TV、雑誌、看板、ラジオ、
  Web サイト、モバイル、電話、
  Fax、手紙、メール

> **これらさまざまな軸で顧客接点をとらえ、**
> **ブランドとしての一貫性を確認する**

> **あらゆる顧客接点の中でのブランドの一貫性は、**
> **よりよい顧客経験のために重要**

5 » ブランド④：ブランドエクステンション

　ブランドエクステンション（Brand Extention、ブランド拡張）は、ひとつの確立されたブランド名を利用して、同じブランド名で、新たな製品カテゴリーに商品を投入し、ブランドをさらに成長させるブランド戦略です。

　他に、ブランドを育成する戦略としては、ラインエクステンション（Line Extention）も有効な戦略ですが、これは、同一のブランド内、かつ、既存の製品カテゴリー内で新商品を展開することによりブランドの成長を図るものであり、ブランドエクステンションとは異なります。

◆ ブランドエクステンションの効果

　ブランドエクステンションは、新カテゴリーへの展開であっても、同一のブランド連想の範囲内であるため、認知度を上げるなどのコストをかけなくても、イメージの獲得が期待できるという利点があります。

　既にブランド・イメージが確立されているため、新ブランド発売時のような話題性にはかけるものの、新発売に伴うリスクも低く、安定的なブランド成長が望めます。例えば日清カップヌードルが新たな味を出すには比較的低リスクでブランドの規模が拡張します。しかし反対に、ブランドエクステンションに失敗すると、新カテゴリーでの新製品が売れないだけでなく、既に確立されているブランドのイメージまでも毀損することもあるため、注意が必要です。

　ではどのような時に、ブランドエクステンションをするのが望ましいでしょうか。

　ブランドエクステンションは、同じブランド連想上に展開されるべきことから、その新製品投入が、消費者に連想上の違和感を持たれないか、既存のブランドと同様のブランド・イメージを発展させるものであるかどうか、という点が重要となります。逆に、既存のブランドへ悪影響が考えられるようなエクステンションは、望ましくはなく、新たなブラン

ドとして投入する方が適する場合もあります。

6 » CRM① : 顧客経験価値の重要性

♦ マーケティングの目的の変化

　主にデジタル化などによる IT の大きな進化が、マーケティングそのものの目的を、「製品やサービスを消費者に認知させ、購買につなげる」ことから、「顧客の体験を演出すること」へと変化させています。

　具体的には、これまでの「商品を起点にしてそのポジショニングを伝え、認知をさせて売ること」から、「顧客の視点を起点にどのように顧客体験を創造するかを考え、その顧客体験の中に製品やサービスが組み込まれることを期待する」という「顧客中心主義」の考え方へと、マーケティングの考え方の変化をもたらしました。

　この顧客中心主義を支える中核的な概念が「顧客経験価値」です。

♦ 企業と消費者の接点の変化 : 顧客の経験を重視する発想へ

　SNS やブログを用いたコミュニケーションが普及し、消費者が簡単に情報発信者になりうる世の中になりました。企業から発信される情報の量だけではなく、消費者からの接点へのハードルも下がり、またこうした情報発信をまとめるネットメディア（ミドルメディア）の台頭もあいまって、個人の発信する情報が、圧倒的に早いスピードで世界中に広がるという情報構造が出来上がっています。メディアの数が飛躍的に増えたということは、企業と消費者のタッチポイントの種類と数が飛躍的に増加したことを意味します。

　また、ネットが普及した世の中において、消費者が商品やサービスについて知るタイミングも、メーカー側が発信したい時ではなくなりました。消費者自身が無数の情報に接点を持ち、検索サイトなどで「消費者自身が情報を得たいときに」、得ることが容易となりました。

こうした情報メディアの変化により企業は、多数に広がる情報をコントロールすることも、その発信のタイミングも、また、消費者の接点をも、コントロールすることが難しくなったのです。

そこで、自社に関する正しい情報（あるいは積極的に知ってほしい企業にとってプラスの情報）を知ってもらうためには、自社に関わりが深そうな消費者について、できる限り消費者との一次接点を増やし、消費者が求めるであろう情報の提供を行うことが必要となりました。このような考え方から、顧客や見込み客のデータを活用したマーケティング活動の重要性が再認識されるようになってきたのです。

7 ›› CRM②：顧客維持型マーケティングの意味

◆ CRMの重要性

新規顧客開拓は当然重要です。新規顧客なしに事業の成長はありません。しかし、新規顧客の開拓はそう簡単ではなく、せっかく開拓した顧客がどんどん離脱してしまっては開拓の努力の多くが無駄になってしまいます。そこで「既存顧客の維持による収益効果」が意識されるようになり、CRM（Customer Relationship Management）に注目が集まるようになりました。

◆ CRMの定義

CRMの定義にはいくつかありますが、多くの定義に共通するものは以下のようになります：
　①既存顧客の情報を蓄積・分析して
　②企業にとって価値ある顧客を識別し
　③ターゲットとする顧客ごとにメリハリの利いたマーケティング活動を行い
　④顧客との関係を継続的に構築し

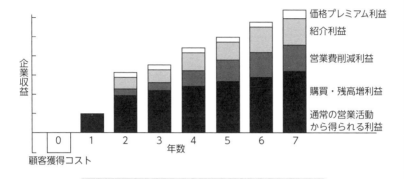

図表 8-7　CRM（カスタマー・リレーションシップ・マネジメント）

既存顧客の情報を蓄積し、ランクづけし、メリハリの効いたマーケティング活動で、長期的な顧客との関係を築き、収益向上につなげる

企業収益

0　顧客獲得コスト

1　2　3　4　5　6　7
年数

価格プレミアム利益
紹介利益
営業費削減利益
購買・残高増利益
通常の営業活動から得られる利益

長く続く顧客ほど、収益率が増えていく

出典：Frederick F. Reichheld, W. Earl Sasser Jr. "Zero Defections: Quality Comes to Services" *Harvard Business Review* Sept/Oct 1990 をもとに作成。

⑤顧客満足と自社の利益の最大化を図ること

　長期的に顧客との関係を維持して企業価値向上につなげようとする点ではどの定義にも共通している要素といえるでしょう（図表8-7）。

◆ 既存顧客の維持で収益性の向上を

　新規顧客が「1回の取引で切れてしまう場合」と「5年以上の継続的な顧客になってくれる場合」とでは企業の利益が何倍も違ってきます。一般的に企業は5年間で自社の顧客の約半数を失っているといわれています。数の上では減少しても継続的顧客のもたらす収益はとても大きいものです。サッサーとライクヘルドによれば、既存顧客は**①購買・残高増利益、②営業費削減利益、③紹介利益、④価格プレミアム利益、そして通常の営業活動から得られる基礎利益**をもたらし、それらが企業の収益性向上につながると説いています。

①の購買・残高利益とは、その製品の価値に満足している顧客の１年目より２年目、２年目より３年目と、利用度合いが増す傾向を指します。購入頻度が増え、関連製品を購入するようになるからです。

②の営業費削減利益は、新規に認知から始めるよりも既存顧客の方が心理的バリヤーも低く、営業コストもかからないことは想像できるかと思います。経営コンサルティングなどはその典型例でしょう。最初受注するまでには多くのコストがかかりますが、２回目以降は（初回が成功ならば）信頼感ができ、比較的スムーズに受注できます。

③の紹介利益は、顧客が自発的に周囲の人に製品の宣伝や推奨をしてくれる、いわゆるクチコミ効果です。

④の価格プレミアム利益は、自社製品に慣れ親しんだ人には高価格も提示しやすくなる、というものです。これは特定の売り手とよい関係を築いた顧客はよほどのことがない限り、他の競合にスイッチしないという前提に立っています。ただし、お得意様向けの特別なサービス等が必要な場合もあるので、必ずしもプレミアムが取れる場合だけではありません。

CRM には“顧客生涯価値（ライフ・タイム・バリュー＝ LTV）”というコンセプトがよく出てきます。これは重要顧客と生涯に渡って継続的に取引を行うことで得られる利益・価値を最大化する、という考え方です。

8 ›› CRM③：成功の前提は組織の顧客志向

CRM が「顧客維持により収益性を最大化しよう」と意図するとして、実際にはどのようにすればよいのでしょうか。

CRM は近所の青果店が「○○さん、今日は坊やの誕生日じゃないか。坊やの好きなミカンおまけしとくよ！」というような気の利いたやりとりを組織的に行うもので、難しく考える必要なんかない、とも考えられます。

　確かにコンセプトはその通りなのですが、1店の店主の頭に入っている情報と機転を、「何万人・何百万人の顧客に対して」「社内組織をまたがったさまざまな顧客接点において」「一定の品質で」「継続的に」行うのは簡単ではありません。そのためには、一定のルールにそってデータベースを構築し、運用ルールを徹底しなくてはいけません。また、それを支援するIT基盤の構築も必要になってきます。そして先ほどの近所の青果店の例でいえば、お客さんである"○○さん"の視点で嬉しいことかどうか判断することです。

　実際、大規模のCRMが可能になったのはITの進化による部分が大きいですが、ITシステムを導入すれば顧客満足の高いCRMを実践できるわけではありません。

　CRMツールは元来顧客志向が強く、顧客データを営業・マーケティングに生かしてきていた企業が、業務量が多くなったり、地域展開が広がって追いつかなくなったりしたときに導入すると効果が出るのです。

　CRMツールを導入しただけでは社員の顧客意識は変わりませんし、顧客管理が良くなるわけではないのです。

◆ 実際のCRM導入のプロセス

　CRMを導入するときには以下のような作業が必要になります。

　①自社の戦略・セグメンテーションに沿って収集すべきデータベースの項目、集め方を考える。

　②顧客とのタッチポイント（顧客接点）において顧客情報を収集するデータベースを設計する。

　③収集したデータと、もともとの戦略・セグメンテーション仮説を照らし合わせて微調整する。

　④ターゲット顧客のニーズに対応する製品・サービスを重点的に提供するなど取り組みを行い、結果をデータベースに蓄積し、改良する。

◆ 最初のデータベース策定を間違うと後が大変

　①のデータベース設計と、②の顧客情報の収集について、もう少し詳

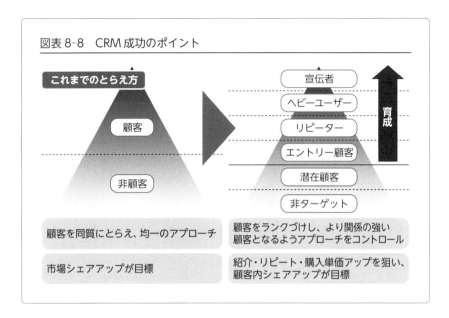

図表 8-8　CRM 成功のポイント

これまでのとらえ方

顧客

非顧客

宣伝者
ヘビーユーザー
リピーター
エントリー顧客
潜在顧客
非ターゲット

育成

顧客を同質にとらえ、均一のアプローチ

顧客をランクづけし、より関係の強い顧客となるようアプローチをコントロール

市場シェアアップが目標

紹介・リピート・購入単価アップを狙い、顧客内シェアアップが目標

しく見ていきましょう。

　a）社内と社外パートナーの顧客接点（営業・店頭・カスタマーサポートなど）をすべて洗い出す。

　b）そのメンバーと顧客セグメンテーションを確認し、収集すべきデータが何か、どの顧客接点でそのデータが得られるかを確認する。

　c）データ項目と運用ルールを策定し、共有化する（データベースの項目、入力内容が統一されていないと収集したデータが使えない）。

　d）データベースを一元管理する（セキュリティに留意）。

　上記のプロセスは CRM システムを提供している IT ベンダーと共同で行うことが多いでしょうが、少なくともプロジェクトの社内責任者は上記のすべてのプロセスを直接体感するべきです。

9 >> CRM④：RFM 分析による顧客の選別

◆ 代表的な属性分析

CRM のポイントの１つは、既存顧客を何らかのセグメンテーションで、ランクづけするなどし、重点を置くべき重要顧客を識別することでもあります（図表 8-8）。

どの顧客にも平たく同じ対応をするのではなく、重点を置くべき顧客を選別するためには、顧客データの属性を使ってさまざまなセグメンテーション分析を行うことが一般的です。ここではその代表的な属性分析である RFM（Recency/Frequency/Monetary）分析について、説明します。

◆ 再購入の可能性で顧客をグルーピング

RFM 分析の目的は、顧客の再購入の可能性を判定することと、データベースの顧客全体を意味のあるグループに分類して、どの顧客にどのようなアクションを行えばよいかを考えるヒントにすることです。

RFM の各要素の見方は以下の３つです。

① R= Recency（最新購買日・最終利用日）：再購買／再利用チャンスは最終来店日（R 値）が新しいほど高い。

② F= Frequency（累積購買回数・購買頻度）：利用日が同じなら、来店回数（購買頻度の F 値や購買回数）が多いほど次回利用のチャンスが高い。

③ M= Monetary（累積購買金額）：来店日時・来店回数とも同じ条件なら、累積購買金額（M 値）が高いほど次回再利用チャンスがある。１回の利用金額が高いからといって必ずしも再利用するとは限らない。

これらの要素を組み合わせ、顧客を購買特性別に分類します。その中で共通する購買行動や、属性を分析することにより、どの層が対象となる商品・サービスの重点的な顧客となっているのか、顧客構成を俯瞰して見ることが可能になります。

第 **9** 章

マーケティング・リサーチ

第9章のポイント

●マーケティング・リサーチは、マーケティング戦略策定時から施策の実施後に至るまでの各段階において、さまざまな目的で実施されるが、何のためにそのリサーチを行うかをまずは自社で明確にしておくことが重要。つまりイシュー（論点）を明確にし、仮説を立てることが必要になる。

●よいリサーチのためには適切なリサーチ手法を選び、またその設計に際しては、以下の3点に注意する必要がある。外部の専門調査会社に調査を委託する際にも、この3点に関しては依頼側がきっちり理解した上で、調査を実施するべき。

①調査対象者の選定＝サンプリング

②データの収集方法

③質問の設計

1 ›› 目的を持ち仮説を立てて進める： リサーチの設計

◆ マーケティング・リサーチは明確な目的意識から

マーケティング・リサーチは、マーケティング戦略策定時から施策の実施後に至るまでの各段階において、さまざまな目的で実施されます。実際のリサーチは専門会社に依頼することも多いのですが、丸投げで調査を依頼していては思ったような有効な情報を得ることも、正しい活用もできません。**まずは自社で明確な目的意識を持つことが必要です。**

近年ITの進歩により、従来に比べて、大量のデータを即時に入手できるようになりました。特にインターネット上での行動データの取得が容易になってきたことから、消費者が関心をもつ内容を、直接的に行動から読み解くことも可能になりました。しかし、行動データだけでは、消費者が行動を起こした理由や、行動から得た感想などは、把握できま

せん。アンケートやインタビューといったマーケティング・リサーチは、行動データと組み合わせることにより、依然として活用範囲が広いことから、その重要さは変わりません。

　ここでは、マーケティング・リサーチを実施する際に、最低限抑えておくべきポイントである、①リサーチの手順、②リサーチ手法、③分析方法、の３点を確認しておきましょう。

◆ リサーチ設計の手順：
　何を知りたいかを明確にして仮説を立てることから

　マーケティング・リサーチを行うにあたって大切な点は、イシュー（論点）を明確にし、仮説を立てることです。言い換えれば、「何のために」「何を調査するのか」というその意味や目的を明確にする、ということです。例えば、「売上不振の理由を把握したい」「商品に対する不満があるはずだ」というだけでは、論点も仮説も明確ではありません。売上不振という事象の原因が何にあったのかという観点でイシューをブレークダウンし、**「どこを明確にすべきか」** を明らかにすることにより、具体的な調査の仮説となります。「商品に対する不満」という論点が明確になったとして、これに対して調査するのであれば、「パッケージが問題だったのではないか」「広告は販促が魅力を伝えられていなかったからではないか」「そもそも製品機能が期待外れだったのではないか」などの仮説を立てることにより、適切な調査の設計が可能になります。

　「当たり前だよ」と思われるかもしれませんが、実際のマーケティングの現場では、「よくわからないけど、とりあえず調査してみる」というようなことが散見されます。そのような状態で調査を行っても使える結果が得られないことが多いのです。マーケティング・リサーチを考えるステップ（図表9-1）を参照ながら、いくつか留意点を確認しておきましょう。

①調査仮説立案
　環境分析で得られた情報やブレーンストーミングなどを通じて仮説を立てます。初期の仮説は多少ぼんやりしたものでもかまいませんが、一

図表9-1 マーケティング・リサーチを考えるステップ

	プロセス	考えるポイント	具体的チェックポイント
調査仮説立案	調査課題の設定	どんな目的で調査するのか どんなことを知りたいのか	実態・意識・行動の調査 （→仮説構築） 事実の定量的記述 事実の定性的記述 関連性・因果関係の解明・検証 比較・評価 将来の予測 意思決定のリポート
	2次データの検索	（仮説の構築に）どんな 情報が足りないのか	参考になる情報はないか 過去に調査したことはあるか
	※2次データ…他の目的のために 既に収集されているデータや調査		
	調査対象の選定	調べる対象は、いつ、 どこの、誰、何か？	個人か組織か、性別・年齢層・ 職業などの特性、業種や規模など
調査手法の立案	調査方法の選定	どんな調査方法が適切か	分析調査、定性的調査、 観察調査、実験やテスト、 アンケート調査
	※主なリサーチ方法は図表9-2を参照		
	実施計画の作成	実査・分析作業の スケジュール化	対象者抽出／募集計画 実査計画 調査票設計 集計・分析計画 日程表
調査実施	実査または データ収集	集めたデータは 信頼できるか	指示通り調査が行われたか 嘘や矛盾はないか 誤解や記入ミス、抜け漏れは ないか
	集計・分析	集計結果から 何がわかるか	データ入力ミスはないか 集計項目は適切か 因果関係があるか
調査仮説の検証	結果の考察と 報告書作成	分析結果から 何がいえるか	何がわかったか 調査目的は達成できたか 今後の課題はないか

方で、最終製品発売直前のパッケージに関するアンケート調査などは、集計後すぐに仮説検証できるように調査を設計することが必要となります。

問題点が漠然としていたり、情報が不足していたりして、適切な仮説が立てられないような場合は、2次データ（その調査目的のために固有の方法で採取したものではない、既に採取されたデータ）の検索や、専門家へのインタビューなどを先に行い、課題に対する理解を深めてから、初期仮説を立案するとよいでしょう。

②調査手法の立案

マーケティング・リサーチには、その目的によって、情報を得て仮説を構築したり課題を発見するための「探索型」と、仮説を検証したり何らかの結論を得たりするための「検証型」があります。

探索型リサーチは、まだ課題が見えず仮説も固まっていない段階から、ある程度仮説の具体性をあげる段階までに利用されるため、設計や手法の面においても自由度を高くしておき、リサーチの最中でも臨機応変に内容を変更することを可能とすることが望ましいです。

具体的には、インターネットの検索などで行う**デスクリサーチ**や、**ケーススタディ**、**グループインタビュー**や**デプスインタビュー**、**行動観察**といった**定性調査**が挙げられます。

検証型リサーチは、こうした仮説を検証するためのもので、データ分析に必要なサンプル数や、サンプリング方法、質問の設計に計画性が求められます。具体的には、**アンケート調査**や**パネル調査**などの**定量調査**を行いデータ分析を行う場合が多いです。

③調査実施

自前、外部依頼のどちらの方法をとるにせよ、調査責任者が自分でテストとして、実際に行ったうえで、本格調査をするとよいでしょう。

④調査仮説の検証

最初の仮説にとらわれ過ぎないように柔軟に結果を検証しましょう。分析手法については、「よく用いられる分析手法」（図表9-4）にまとめていますので参考にして下さい。

2 » リサーチ手法と理解すべき3つのポイント

◆ リサーチ手法：外部委託の際にもこれだけは理解しよう

　調査設計にあたっては、まずは、適切なリサーチ手法を選び、またその設計に際しては、以下の3点に注意する必要があります。

　①調査対象者の選定＝サンプリング

　②データの収集方法

　③質問の設計

　外部の専門調査会社に調査を委託する際にも、この3点に関しては依頼側がきっちり理解した上で、調査を実施するようにしましょう。

　最初に「どのようなデータを集めたいのか」を考える必要があります。「誰に対して」「どの程度の深さで」「どのくらいの量が」必要なのか、ということによって、必要なサンプリング方法やデータの収集法が決まってきます。「多ければそれだけ正確になるはず」と量にばかり気を取られて、サンプリング対象の属性が偏ってしまい、必要な「誰か」の情報が不足するというようなことがないように予め考える必要があります。

　調査の目的に応じて、どのようなリサーチ方法が適切か、またその代表的なデータ収集方法を、図表9-2にまとめています。

◆ 質問の設計：オープンとクローズ

　質問には大きくわけて**オープン**と**クローズ**の2種類があります。

　オープンな質問とは、「あなたの好きな作家を挙げて下さい」「このパッケージは何色にすればいいと思いますか」など回答パターンが無限になるようにする質問です。一方、クローズな質問とは、「リンゴとみかんのどちらが好きですか」「以下の選択肢の中から必要なものを選んでください」など、回答のパターンが限定される質問です。

　状況によってどちらのパターンも必要ですが、仮説がないときにサー

図表 9-2　代表的なリサーチ手法

仮説を構築するための調査	探索型	コミュニケーション法	フォーカス・グループ・インタビュー / ディスカッション	5〜8人の対象者を集めて、インタビューを行ったり、ディスカッションをしてもらう
			デプス・インタビュー	対象者と1対1で面接し、詳細な質問に答えてもらう
		観察法	エスノグラフィック法	ビデオカメラ等を使い記録し、対象者のライフスタイルや購買行動、使用実態などを観察
			ミステリーショッパーズ法	客に扮した調査員が従業員の接客態度や対応などを実地観察調査する。店舗の清潔さ、レイアウト、価格交渉への対応、商品知識などを評価
仮説を検証するための調査	記述型	サーベイ法など	個人面談 / 電話	調査員が対象者を訪問 / 電話して回答を得る
			留置 / 郵送法	調査票を郵送し、又は回答者を訪問し調査票の記入を依頼
			インターネット調査	ウェブ上で調査票を作成し、対象者の回答を得る。短時間で回答を得ることができる
			街頭調査	店頭や街頭で対象者を選び、調査票に答えてもらう
			会場テスト	特定の調査会場に対象者を集め、集団で調査票に回答してもらう。実物を見せたり、実際に使用してもらうことが可能
	因果型	実験型 / 統計解析型リサーチ等		因果関係を特定するモデルを作り、実験計画に基づいたサンプルデータを収集し分析

出典：グロービス・マネジメント・インスティテュート『新版 MBA マーケティング』（ダイヤモンド社）をもとに作成。

ベイでオープンな質問を投げかけ、方向性を探ろうとしても、回答者が自分の潜在ニーズに気づいていることは少ないのでうまくいかない場合が多いのです。仮説が無い時には、自分で顧客を観察するなどの探索型リサーチなどで仮説を発見することを優先させます。

3 ›› 知っておくとよい分析手法

　分析手法もさまざまなものがあります。ここでは少なくとも存在は知っておいてほしいものを中心に紹介します。

　多変量解析法と聞くと何やら難しそうですが、要は多くの変数（要素）を用いて、変数間の相互関連性を分析する統計手法の総称です。その中にはさまざまな手法がありますが、本書ではマーケティング調査によく使われる代表的な分析を示します。分析を外注して行うことも多いと思いますが、中には、エクセル等のツールで分析することが出来るものもあります。

　①**コンジョイント分析**：新製品・新サービスの機能や効能と、商品価格を組み合わせた場合、購入意向（どの程度買いたいか）の順序や好き嫌いの評価がどうなるかを予測する分析手法です。製品のカテゴリーデータと価格の組み合わせ二択形式で購入意向の質問をしていき、最終的にはどんな組み合わせの商品をどの価格で売り出す場合が購入意向が高いのかという解を導き出します。又、どの程度のシェアがとれそうかを予測することにも使えます。

　②**因子分析・主成分分析**：3つ以上の製品属性評価（変数）の軸を合成し、2次元または3次元の変数に圧縮することで、影響要因を見てわかりやすくする分析です。20個の対象商品があって、それぞれを5つの製品属性評価（変数）で測定しようとしたら、本来は5次元空間が必要です。その5つの変数を2つか3つにとりまとめることができれば、2次元または3次元で表現でき議論しやすくなります。

　③**（重）回帰分析・判別分析**：市場性を予測したり、関連性を説明し

たりする際に使われる解析手法です。購入金額の予想、あるブランドの購入率、顧客満足度予測。モニター評価製品の実際の売れ行き予測などに使います。例えば、年齢・年収・同居家族数などを説明変数、購入金額（量）を目的変数として、ある世帯が1年間に特定の製品を購入する金額や量と世帯特性との間にどのような関係があるのか、などを知りたいときに使います。

④**クラスター分析**：異なる性質のものが混ざり合っている変数の中から、類似性の高いものを集めてグループを作り、分類する方法。

⑤**コレスポンデンス分析**：複数の変数間の類似度や関係の深さを調べるための手法で、結果を散布図の形で示す。主にポジショニング・マップ作成などに用いる。

⑥**その他：コホート分析**：ある条件下で対象者をグループ毎に分けて、その行動を継続的に追跡調査を行う手法です。他の集団との比較・分析を行います。

第 **10** 章

B2B（法人向け）マーケティング

第10章のポイント

●生産財などの B2B (法人向け) 事業にもマーケティングは必須で、その基本的な考えは消費財マーケティングと変わらない。ただし "購買者が少数・継続的で顔が見える取引"、"個人ではなく組織が購買・購買規模が大きい"、"専門的購買で定型プロセスがある" などの特徴があることに留意。

● B2B マーケティングでは①顧客企業内のバリューチェーン、②業界全体のバリューチェーン、の 2 つを意識することで包括的にニーズが理解しやすくなる。

●マーケティング・オートメーションとは、マーケティング及びセールス活動を効率的に行うために、社内に拡散している顧客情報を集約し、顧客の状況に合わせて購入へ導くための施策を自動的に提言する技術・システムである。購買に多くの人が携わる、購買するまでの期間が長い、B2B マーケティングでは法人顧客の情報を社内で共有し、一元管理することで業務効率と受注率のアップを狙う。

1 » B2B マーケティングとは

　マーケティングの対象者を考えた場合、消費者向けマーケティングをイメージする人が多いようですが、法人向け（生産財など）にもマーケティングは必須であり、マーケティングの基本的な考えは消費財マーケティングと変わりません。ただし、法人向けマーケティングの一般的な特徴には以下のようなものがあります。

　①購買者が少数・継続的で顔が見える取引
　②個人ではなく組織が購買・購買規模が大きい
　③最終消費者からの派生需要である
　④比較的価格が非弾力的
　⑤専門的購買で定型プロセスがある

2 ›› **2つのバリューチェーンで意思決定構造を把握**

　法人向けマーケティングで一番特徴的なことは消費財マーケティングよりもやや複雑なその意思決定構造です。それは2種類のバリューチェーンを使うとうまく理解できます。

　1番目は顧客の**社内バリューチェーン**です。バリューチェーンで顧客企業の社内地図を作り、購入の意思決定にどの部門のだれが、どの程度の影響力があるかを把握するのです。次にその社内地図上で関与する人がどのようなニーズを持っているか、その理由は何かを把握します。目の前の購買担当者の背後にあるニーズを把握し、それに対応することで購買担当者からの価格プレッシャーを減らすことも可能になってきます。

　もう1つは**業界のバリューチェーン**です。「直接の顧客企業のさらに先、そのまた先の企業のニーズ」と「それらに影響を与えるものは何か」を把握するということです。もしあなたが2次下請けメーカーであれば、直接の顧客である一次下請けメーカーの先の最終組み立てメーカーのニーズ、さらには最終メーカーの先にいる最終消費者のニーズを意識すべしということです。あなたの直接の顧客は、結局はその先にいる顧客のために働いているので、その最終顧客からのニーズにあなたの製品がマッチしていればあなたの交渉力は強くなるのです。

3 ›› **自社のバリューチェーン：**
自社の優位性の源泉を見定める

◆ B2Bマーケティングでのバリューチェーン

　もともとは**バリューチェーン（価値連鎖）分析**は自社の競争優位の源を探すツールとして紹介されましたが、B2Bマーケティングでは顧客分析のツールとしても使います。バリューチェーンとは、読んで字のご

とく、価値の連鎖に沿って、企業が行う一連の付加価値活動をプロセスごとに区分けして見ていくことです。その活動は、大きく**主活動**（直接顧客に付加価値をつける活動）と**支援活動**（主活動をサポートする活動）に分けられます。それをさらに「主活動の主要タスク」と「支援活動の中の主要タスク」に分けて見ていきます。

図表10-1は、M・E・ポーターの『競争優位の戦略』（土岐坤、中辻萬治、小野寺武夫 訳、ダイヤモンド社）で示された典型的な例です。実際は、各企業や事業によって主活動の工程内容や順番が変化させたり、主活動を支援活動の区分けを変えたりして、現実の活動と一致させて使う必要があります。

◆ バリューチェーンは競合と比較する

この付加価値業務プロセスに沿って、強み・弱みを競合などと比較して、どこが優れてどこが劣っているかを把握し、戦略を考えていきます。ここでは2つのことに注意します。1つは「各プロセスのコストをできる限り数字で図る」こと、もう1つは、「定性的にどのような活動をしているかとその活動の目的を見る」ことです。バリューチェーンの個々の活動で差がついているのか、そのプロセス間の連携の仕方で差がついているのか、という視点で考えることが大切です。

さらにもう1つ気をつけるのは、**整合性・一貫性**です。企業の戦略・マーケティング目標と個々のプロセスで行う活動の整合性がとれているかを見ます。例えば、低価格のフォロワー（追随者）戦略をとる企業であれば、基礎研究開発のプロセスに力を入れていなくてもおかしくありませんが、先進技術を打ちだしている企業がこのプロセスに注力していない場合は、将来の優位性に疑問が出てくるはずです。

このバリューチェーンの考え方は自社・顧客・競合分析に幅広く活用できます。

図表 10-1　バリューチェーン（価値連鎖）

競争優位性の源泉となる社内資産を見極める

支援活動
- 全般管理（インフラストラクチャー）
- 人事・労務管理
- 技術開発
- 調達

利益（マージン）

主活動
- 購買物流
- 製造
- 出荷物流
- 販売マーケティング
- サービス

企業が顧客に対して直接付加価値をつける主活動と、主活動を支える支援活動に分け、これらの活動を因数分解することで、付加価値創出およびコストドライバーを分析する

バリューチェーン構築戦略

バリューチェーンの垂直統合
- ユニクロを展開するファーストリテイリングはデザイン、製造、物流、販売までを統合・一貫して行う SPA（製造小売）モデルでバリューチェーンを社内に取り込み大きな価値を創出

バリューチェーンのネットワーク化
- アップルは競争力の厳選となるデザインなどを社内で実施するが、製造などは完全に外部委託することでリーンなバリューチェーンを構築して価値・利益創出を最大化

4 ›› マーケティング・オートメーション

　マーケティング・オートメーションとは、マーケティング及びセールス活動を効率的に行うために、社内に拡散している顧客情報を集約し、顧客の状況に合わせて購入へ導くための施策を自動的に提言する技術・システムを指します（図表10-2）。B2Bでは、前項で顧客の特徴をみたように、購買に多くの人が携わる、購買するまでの期間が長い、顧客のニーズに合わせた製品開発を行う必要があるなどのため、顧客の情報を社内で共有し、一元管理することで、マーケターの業務効率と販売の受注率アップを狙います。マーケターの業務効率化が大きなウエイトを占めますが、営業活動つまり営業マンにも大きく関わってきます。

◆ マーケティング・オートメーションの流れ

　インターネットの発達にともない、たとえ法人顧客であってもWebサイトによる検索情報をもとに、購入する商品・サービスを絞り込んでいるケースが増えています。そこで、どうすればWebサイトから問い合わせをしてもらえるか、仕組み作りを考えましょう。顧客の関心を引き起こすことを**リードジェネレーション**といいます。もちろん、従来通りの見本市や名刺交換による顧客情報源も貴重ですので、これらのデータを取り込むことも忘れずに。

　次に、リード（見込み客）を獲得したら、育成（リードナーチャリング）をするために、顧客の関心が強まるような活動を行います。一般的には、セミナーの開催やメルマガの配信といった啓蒙活動が中心になります。購買までの時間がかかる商品やサービスの販売では、顧客の関心を繋ぎとめる期間でもあります。

　ここまでの段階で、リードの選別に必要なデータがかなり集っていると思われます。マーケターは、購買の可能性が高いリードの情報を営業に渡し、営業担当者は直接訪問することで、相手のニーズをさらに深く把握、社内の開発や生産部署との情報交換も必要に応じて進めていきます。

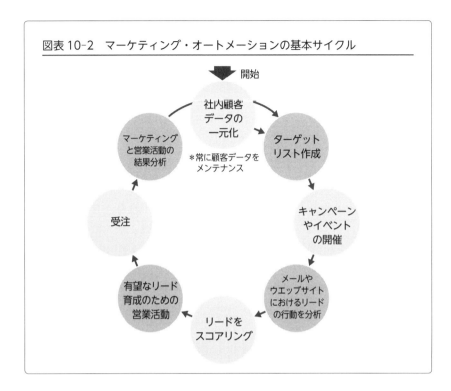

図表 10-2　マーケティング・オートメーションの基本サイクル

開始

社内顧客
データの
一元化

＊常に顧客データを
メンテナンス

ターゲット
リスト作成

キャンペーン
やイベント
の開催

メールや
ウエップサイト
におけるリード
の行動を分析

リードを
スコアリング

マーケティング
と営業活動の
結果分析

受注

有望なリード
育成のための
営業活動

◆ マーケティング・オートメーションツールの導入

　まずは自社の B2B 商品・サービスがマーケティング・オートメーションと相性がよいかどうか検討が必要です。B2C と比べて B2B は、比較的多くのケースではマーケティングオートメーションに適していますが、コンサルティングといったカタログ化しにくいモノや顧客数が極端に限られている場合は、導入するコストメリットが薄いといえます。

　そして、マーケティング・オートメーションのツールの選択は重要です。自社の事業形態だけではなく、ツールによって、B2C に強いかB2B に強いかという特徴があるからです。導入してから変更するというのは、コスト的にも時間的にもロスになりますので、自社のビジネスプロセスを事前に洗い出し、ツール機能ひとつひとつがどのように使われるのか確認をし、自社にとって最適なツールを選ぶようにしましょう。

5 » マーケティング・オートメーション導入の効果事例

　マーケティング・オートメーションの導入は、全社におけるデータ管理の一元化や人手に頼っていた作業のIT化で、業務の効率化や人件費の削減が期待できます。具体的にどのような効果があるのか、いくつかの事例を見てみましょう。

　顧客にコンタクトを取る場合、コンタクトを取った順番で顧客対応をしていたために、リストの最後にいたリード（見込み客）が見過ごされていたが、リードに対するスコアリング分析機能を活用することで、顧客に優先順位を付与し、効果的に有望顧客へコンタクトをすることで、売上がアップしたケース。

　リードが商品の購買意欲を失っている時期に、営業マンが猛アタックしたことによって疎遠になるという場合があります。マーケティング・オートメーションによるデータの一元管理により、リードが企業のサイトにアクセスをしているのか、イベントのお誘いに参加しているのかといった状況を的確に把握することで購買意欲を確認し、状況にあったアプローチができるようになったケース。

　キャンペーンやセミナーの申込みサイトを作成するには一定の時間を要する場合やメールマーケティングをする労力の確保が難しいという状況があります。マーケティング・オートメーションで簡単に作成できる機能を活用することで、新しいサービスを短い期間でリリースができ、反響数も増加したケース。

　これらは、いずれもシステムのデータや機能を活用した場合です。自社のビジネスモデルを十分検討したうえで、システムの導入がメリットになるのかどうか、導入後もデータのメンテナンスが適宜なされる体制が整っているのか事前に確認する作業は重要です。

第**11**章

サービス・マーケティング

┌─ 第11章のポイント ─┐

●サービス業の需要が増加していることに加え、ものづくりのサービス化というトレンドの中でサービス・マーケティングの重要性が高まっている。

●サービスには①在庫をもつことができない、②ほかの場所へ移動することが困難、③生産と消費が同時に行われる、④プロセスが重要、⑤顧客との共同生産がありうる、という特徴がある。

●サービス・マーケティングを管理するには、顧客と直に接する表部隊とそれを支える裏部隊という概念と、サービスの6Pもしくはサービス・プロフィット・トライアングルという考え方が有効である。これまで見てきたマーケティングの4Pに加えて、People（人材）とProcess（プロセス）が含まれる6P全体に配慮してマーケティング戦略を立案。

●「プロセスのP」では"顧客の経験"をどのようにデザインするかがカギ。顧客が自社の製品・サービスに対しどのような設定があり得るかを明文化して、そのすべての項目が"顧客経験"のチャンスだと認識し、どのように対応すべきかを考える。こうしたプロセスは価値創造サイクルと呼ばれる。

1 ≫ サービスの5つの特徴

♦ サービス業の変化

前章までは、製品を念頭に置いたマーケティングについて述べてきましたが、サービス業の産業構造に占める割合とそこに従事する人の数は増加の一途をたどっており、**サービス・マーケティング**の需要は高まってきています。一方で、国境を越えて物や情報が瞬時に入手可能となり、技術の向上による製品の模倣化が容易な状況下において、製品だけの差別化を図ることが困難となってきています。よって、製品に付随したサー

ビスを提供することを戦略として考えることが必要となってきます。顧客がアフターサービスで価値を評価する割合がかなり大きいという点からも明らかです。この本では、製造業のサービス要素までを含む広い意味でサービスをとらえています。

◆ サービスの特徴とは？

サービスの特徴には次のようなものがあります（図表11-1）。

図表11-1　競争力につながるサービス力

例	企業の特徴	具体的なサービス内容
星野リゾート	それぞれの土地の個性にあった旅館やリゾートホテルチェーン。高いリピート率。	●フラット組織で社員が自律的に動けることにより、現場主体のサービスの提供 ●北海道トマムの「雲海テラス」といったその土地でしか経験できないサービス ●非日常を味わえる演出 ●記念日等の特別な機会に対するサプライズ ●いつでもコーヒーやお茶が自由に飲める図書館
東京ディズニーリゾート	1983年に米国ディズニーとのライセンス契約で開園したテーマパーク。圧倒的なリピーター比率を誇る。	●非日常性を演出するため、園内から外部の景色が見えない設定 ●園内のあらゆる場所で、キャストから祝福を受けられるように、誕生日のステッカーを配布 ●レストランで、同伴のディズニーキャラクターのぬいぐるみに対しても席とランチョンマットを提供 ●ゲストからの問い合わせに対して、わかりませんとは決して答えない会話力
MKタクシー	業界で画期的な手法をさまざま取り入れているタクシー会社。	●ハイヤー並みのサービスを提供（ドアの開閉、起立による顧客待ち等） ●挨拶と会話が丁寧 ●清潔感・信頼感を生みだす制服 ●サービスを身につけるための徹底した研修（朝の声だし）

①在庫をもつことができない：例）マッサージというサービスの在庫は作り置きができない。

②ほかの場所へ移動することが困難：例）観光地はその典型例で、東京ディズニーランドでの楽しみはその場所でしか味わえない。

③生産と消費が同時に行われる：例）マッサージの提供（＝生産）とマッサージを受ける（＝消費）という行為が同時に発生する。

④プロセスが重要：例）歯の治療によって痛みがなくなるという結果は重要だが、その治療プロセスが乱暴でひどい痛みを与えられたらその歯医者にはもう行きたくない、と思うだろう。

⑤顧客との共同生産がありうる：例）無人コンビニエンスストアを利用するというサービスでは、顧客は事前にアカウント登録をし、アプリを携帯しなくてはいけない。クックパッドでは、「つくれぽ」というコーナーで事業側の商品の提供に対してユーザーがレシピを投稿することにより、商品を用いたレシピの件数が増え、レシピ検索エンジンを共創している。

2» サービス・マーケティングの "表舞台" と "裏舞台" を考える

サービス・マーケティングを考える際には劇場をイメージし、ビジネスを表舞台と裏舞台に分けて考えてみるとよいでしょう。サービスを提供する人と顧客とのやりとりは通常 "表舞台" で行われます。一方、その表舞台の準備、支援をする通常は顧客の目には触れない "裏舞台" というものもあります。

実は、すべての事業活動は、表舞台と裏舞台の両方で展開されているのです。設計・製造を裏舞台と定義すると製造業も表舞台・裏舞台で考えることができます。

例えば、自動車という製品には顧客を満足させる営業、保険などのさまざまな手続き支援、アフターケアなどの多様なサービスが存在します。

図表 11-2　サービス戦略の整理

レストランの3類型

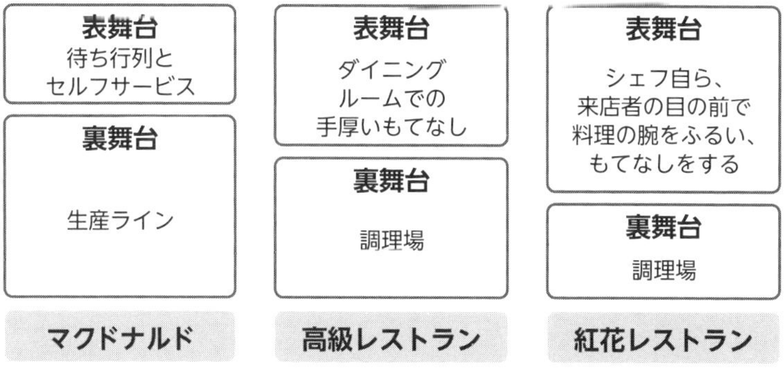

表舞台
待ち行列と
セルフサービス

裏舞台

生産ライン

マクドナルド

表舞台
ダイニング
ルームでの
手厚いもてなし

裏舞台

調理場

高級レストラン

表舞台
シェフ自ら、
来店者の目の前で
料理の腕をふるい、
もてなしをする

裏舞台

調理場

紅花レストラン

サービス戦略の整理の軸

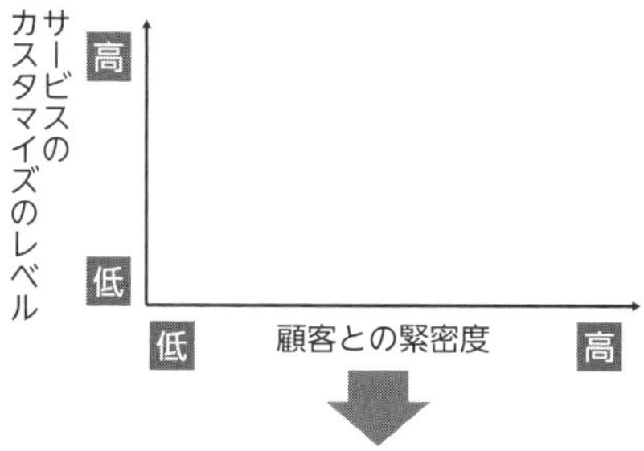

サービスの
カスタマイズのレベル

高

低

低　顧客との緊密度　高

ホテルの例)

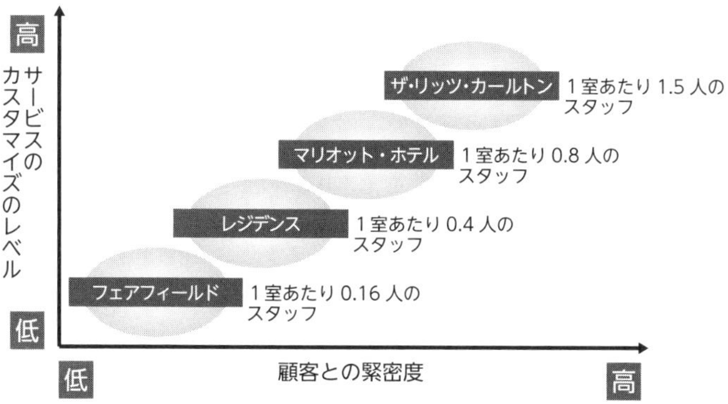

サービスの
カスタマイズのレベル

高

低

ザ・リッツ・カールトン　1室あたり1.5人の
　　　　　　　　　　　　スタッフ

マリオット・ホテル　1室あたり0.8人の
　　　　　　　　　　スタッフ

レジデンス　1室あたり0.4人の
　　　　　　　スタッフ

フェアフィールド　1室あたり0.16人の
　　　　　　　　　スタッフ

低　顧客との緊密度　高

出典：J・トゥボール／小山順子 監訳／有賀裕子 訳『サービス・ストラテジー』（ファーストプレス）

そのすべてには顧客接点の後ろに裏部隊が存在します。顧客に接する営業には裏でささえる人たちがいます。ちなみに製造業にも、製品を表部隊、その設計、製造、品質管理などさまざまな裏部隊が存在するので、サービス・マーケティングのコンセプトを適用することが可能です。この表舞台、裏舞台の両方が整合し、バランスがとれていないとよいビジネスにはならないのですが、ときおり表舞台に目が行き過ぎたり、もしくは裏舞台の仕掛けに注力し過ぎたりする例も見かけます。

重要なのは製造業、サービス業といった従来型の考えではなく、表舞台・裏舞台という2つの世界の双方に目配りしながらビジネスを考えることによってサービス・マーケティングを考えることなのです。

表舞台、裏舞台のバランスを調整することがサービス・マーケティング戦略に影響を与えることは、図表11-2のレストランの事例でも想像できるでしょう。

前項で見たようにサービスは無形なので、顧客ニーズが図りにくく、サービス内容の設計がしにくいといわれます。表舞台のサービスは、「そのサービスをどの程度カスタマイズ（標準化）するか」という軸と、「顧客との緊密度をどの程度高くするか」という2軸でポジショニングすると考えやすいでしょう。

3 ›› サービス・マーケティングでは"6つのP"を考える

サービスの表舞台と裏舞台を適切につなぐにはサービス・マーケティングの 6P もしくは**サービス・プロフィット・トライアングル**という考え方が有効です。既に見てきたマーケティングの 4P に加えて、**People（人材）**と **Process（プロセス）**があります。さらには、**Physical Evidence（物理的環境）**を加えて 7P、あるいは、それに **Productivity and Quality（生産性とサービス品質）**を加えて 8P という場合もあります。

まず、People（人材）ですが、特にサービスを提供する企業では、1人ひとりの従業員が顧客対応の責任をもちますので、いわば1人の従業員がその一瞬は会社の営業・マーケティング責任者のような役割があります。表舞台において顧客と直接対応をする従業員とのやりとりは図表11-3のような三角形として表すことができます。

サービス提供元の企業が1つの極、サービススタッフとなる従業員がもう1つの極、顧客がもう1つの極で三角形になります。この三角形を**サービス・プロフィット・トライアングル**といいます。

企業は、社外向けのマーケティングを行う前に、サービスの提供に携わる従業員（People）に、そのサービスのすばらしさを説く必要があります。質の高い従業員を採用し、生産性の高い顧客サービスを提供してもらい、会社に定着してもらうためには、会社はトレーニング・ルール・報酬体系等その質の高い従業員が仕事のしやすい環境を整えなくてはなりません。それによって従業員は顧客に価値あるサービスを提供し、顧客は満足し、その企業の優良顧客となるでしょう。その優良顧客は企業に対し売上の伸びと、収益性の向上をもたらします。その結果、企業はよりよい業務プロセスを形成するだけではなく、さらによい従業員向けサービスを提供し、より充実した社内マネジメントができるようになるのです。

このように三角形がよい循環をしていることがサービス・マーケティングのポイントです。

Physical Evidence（物理的環境）とは、サービスが行われる環境を指します。高級レストランでは店の雰囲気が大事ですので、場所選びから、外装・内装はもちろん使用する調度品にまで気を配る必要があります。もしくは、リゾートをコンセプトにした高級旅館やホテルでは、宿泊客に非日常を味わってもらうために、あえて客室に時計やテレビを置かず、時間の制約からの解放を場として提供しています。

Productivity and Quality（生産性とサービス品質）とは、サービスが提供される際の生産性とサービスの質を同時に考慮することです。美容院で丁寧な接客を心掛け、時間をかけ過ぎると、接客をすることがで

きる顧客数が減ってしまいます。顧客によっては、時間を気にする場合もあるかもしれません。

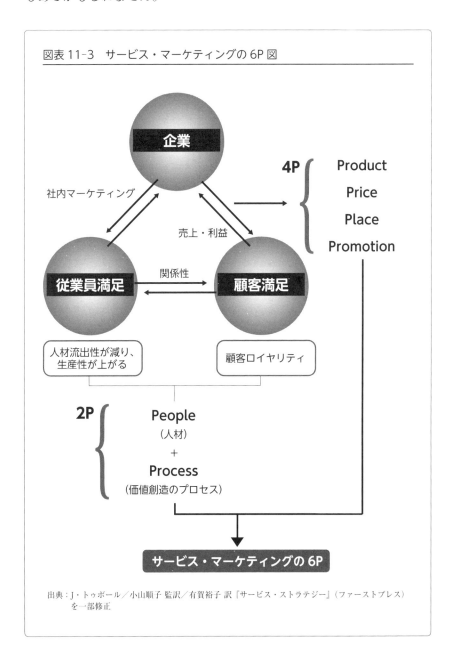

図表 11-3　サービス・マーケティングの 6P 図

企業

4P { Product
Price
Place
Promotion

社内マーケティング

売上・利益

従業員満足

関係性

顧客満足

人材流出性が減り、
生産性が上がる

顧客ロイヤリティ

2P { People
（人材）
＋
Process
（価値創造のプロセス）

サービス・マーケティングの 6P

出典：J・トゥポール／小山順子 監訳／有賀裕子 訳『サービス・ストラテジー』（ファーストプレス）
を一部修正

4 » 経験をプロセスでデザインする

サービス・マーケティングの6Pでは、前項の「人材のP」に加えて「プロセスのP」がありました。プロセスという点では、"顧客の経験"をどのようにデザインするかがカギになります。この**"顧客経験デザイン"**という考え方はサービスビジネスだけでなく、製品ビジネスにも有効です。

顧客の経験をデザインし管理するために有効なのが、価値創造サイクルという考え方です。顧客が自社の製品・サービスに対しどのような設定があり得るかを明文化して、そのすべての項目が"顧客経験"のチャンスだと認識し、どのように対応すべきかを考えるのです。

その際には、顧客がどのように自社のことを知り、アプローチしてきて、サービスを体験するか、というプロセスに沿って記述するとつくりやすいでしょう。

ホテルの場合で考えてみましょう。顧客はホテルの存在を知り、予約して、ホテルの場所を見つけて……、というプロセスを辿ってホテルというサービスを利用します。この価値創造サイクルは企業がどのような戦略をとるかでずいぶん違ってきますが、戦略と価値創造サイクルが整合性をもたないと"顧客の経験"はささいなところで崩れてしまいます。

格安ホテルであれば、「ホテルの存在に気づく→ホテルの場所を見つける→チェックイン→滞在→チェックアウト」という非常にシンプルなものですが、高級ホテルであればもっと複雑なサイクルになるでしょう（図表11-4）。このサイクルのどこかが欠けていたり、弱かったりすると、そのホテルのサービス充実型のコンセプトは完成せず、顧客経験も不完全なものになるのです。

価値創造サイクルに沿って、サービス提案のそれぞれの要素を分析し、顧客から評価されないものを廃止したり、見直したりすることでコストダウンを図ることもできます。また、決定的な差別化をするために改良

図表 11-4　ホテル事業の価値創造サイクル

●基本形

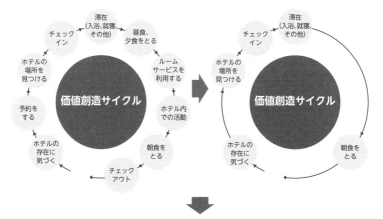

●格安ホテルの価値創造サイクル

●高級ホテルの価値創造サイクル

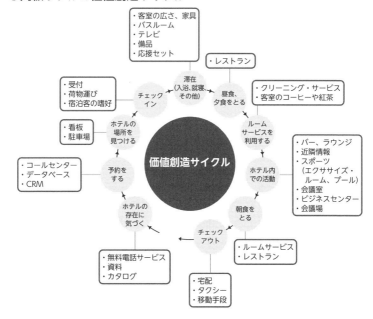

出典：J・トゥボール／小山順子 監訳／有賀裕子 訳『サービス・ストラテジー』（ファーストプレス）

や追加すべきものはないかを探るのです。価値創造サイクルを構築するために顧客が製品・サービスを認知してから購買・使用するまでの工程と心理変容を迫った**カスタマー・ジャーニー**という手法もあります。

5 » サービスを「見える化」する方法

　サービスは"見えない"という特性がありますが、その内容や品質を「目に見える」ようにすると、顧客へのコミュニケーションに役立つだけではなく、サービスを提供する社員にも自分の行為を確認することができ、サービスの改善につながります。

　サービスの6Pでも触れていますが、直接のサービス行為でなく、**サービスを提供する環境を「見える化」する、という手法があります**（図表11-5）。

　弁護士事務所や会計事務所はそのプロフェッショナルサービスのイメージにあわせた住所にオフィスを構え、重厚感や信頼感を感じさせる内装でサービスそのものへの信頼性を高めようとしています。飲み屋街の一角の木造家屋にある雑然とした会計事務所では「なんとなく信頼できない」と感じる人が多いためです。サービス環境の見える化は自社にフィットした社員を採用するのにも役立ちます。

　サービス品質の見える化：「自社がサービス品質に気を配っていることを顧客の目に見えるようにする」という手法もあります。

　例えば、最近多くのホテルではベットサイドに「このお部屋の清掃はXXが担当させていただきました。なにかございましたら何なりとお申しつけください」というメッセージカードを置いています。すると、このホテルは清掃の品質にまでこだわりとプライドをもっている、と顧客は認識します。プロフェッショナルファームが「博士号保持者がXX人在籍」と公表するのも、サービス品質の見える化といえるでしょう。ただし、いったん目に見えるようにしたのであれば、実質を伴わせなけれ

図表 11-5　サービスの見える化

サービス環境の見える化

- 東京ディズニーリゾートでは、園内から外の景色が見えないようにすることで、非日常な空間を演出し、来園者が至福な時を過ごせるようにしている。

- レストランで使用される食材が安全な食材であることを顧客に伝えるために、産地や生産者を記載したメニューを提供する。

- コメダ珈琲店は、長居ができる気楽な喫茶店を目指し、入りやすい木のぬくもりが感じられる外装、店内は広めの席で仕切りがあり、新聞・雑誌が多く置かれている。

サービス品質の見える化

- 学習塾の成果は成績向上・希望校合格が基本だが、毎回の出欠報告書や進度・学習状況のコメント "報告書" などを支払い者である親向けに送付することで**サービスプロセスの見える化**を図る

- 1200 円カットの QB ハウスは**清潔感の見える化**のため、毎回クシを取り替え、「お持ち帰りになりますか」と顧客に尋ねる

- 飛行機は移動することが主目的のサービスだが、豪華な空港ラウンジ、高級ブランドのアメニティキットなどはファーストクラス・ビジネスクラスの**高価格の理由の一部を目に見える形**にしている

- サービス系企業が自社の顧客として有名企業名をずらりと並べるのも、**自社の信頼感、品質の高さ**を明示しようとしている

ば逆効果です。

　ちなみに、"お客様第一主義カンパニー" などとうたったポスターを社内に貼りながら、その基準を提示せず評価もしないのは、サービス品質の見える化ではなく、ただの自己満足だといえるでしょう。

コラム 5

市場創造とブルー・オーシャン戦略

　ブルー・オーシャン戦略は**「新しい需要を主体的かつシステマティックに創造する」**方法論です。競争の無い楽園がどこかに潜んでいてそれを探すわけではありません。ブルー・オーシャン戦略の習得は大変ですが、相応の資源投入によってかなりの確率で大型の新市場が創造できます。マーケティングとブルー・オーシャン戦略は相互補完の関係にあり、両方をおさえておくことでよりスムーズに市場シェアの拡大と市場創造のサイクルを回せるでしょう。ここではその概要をコラムでお伝えします。

　市場を創造するパラダイム（ものの見方・思考パターン）は、競争戦略のパラダイムとは大きく違っていて、比較概念として、「定まった業界定義と競争ルールの下、競合と既存の市場を奪い合う」ことを「レッド・オーシャン戦略」と呼んでいます。

◆ 3つの中核要素

　ブルー・オーシャン戦略は以下の3つの中核要素からできています：

- 「バリュー・イノベーション（value innovation）」
- 「ティッピング・ポイント・リーダーシップ（tipping point leadership：TPL）」
- 「フェア・プロセス（faire process）」

　この3つの理解なくしてブルー・オーシャン戦略は実践できません。バリュー・イノベーションは新戦略の方向性を提示しますが、その戦略は既存の戦略とは大きく違った革新的なものなので、組織内の抵抗にあって適切に実行されないリスクは大きいのです。それ故に、変革の実行を担保する組織マネジメントのツールであるティッピング・ポイント・リーダシップとフェア・プロセスの2つが主要素になります（詳細は推薦図書の『日本のブルー・オーシャン戦略』か『ブルー・オーシャン・シフト』

を参照)。

◆ バリュー・イノベーション

　一般的に提供側のコストと買い手側の付加価値はトレードオフの関係にあるといわれていますが、バリュー・イノベーションではその常識に反して構造的に「コストを押し下げながら買い手にとっての付加価値（バリュー）を高めます（図表11-6)。

　バリュー・イノベーションでは以下の2つを同時に行います：1) それまで業界で常識とされてきた重要な競争要素をいくつか削ぎ落とす、2) 買い手にとってのバリューを高めるためには業界にとって未知の要素を新たに創造する。その結果、優れたバリューに顧客が引き寄せられ、売上が拡大し規模の経済が働き、一層のコスト低減が実現するというサイクルが回り、その新市場への参入障壁が構築されるのです。

　バリュー・イノベーションは「バリュー（買い手価値)」の「イノベーション」であって技術イノベーションではありません。「最新のテクノロジー」

図表11-6　バリュー・イノベーション

差別化と低コストを同時に実現するのが
バリュー・イノベーション

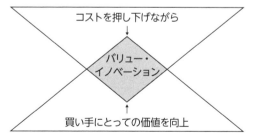

コストを押し下げながら

バリュー・
イノベーション

買い手にとっての価値を向上

コストと付加価値はトレードオフという戦略論の常識とは反対

出典：W・C・キム、R・モボルニュ／入山章栄 監訳／有賀裕子 訳『新版ブルー・オーシャン戦略』（ダイヤモンド社）を修正

がなくとも、バリュー・イノベーションは可能なのです。特許等が無い場合も多く、技術的・製造工程的には模倣可能なものも多いです。故にバリュー・イノベーション実現後に短期間に「マス」を押さえる、そしてその規模を支えるオペレーションシステム、ブランド確立、組織能力の構築等によって後続の模倣者をおさえるのです。

◆ ブルー・オーシャン戦略6つのリスクと6原則

新市場を創造する際には少なくとも以下の6つの大きなリスクがあり得ます（図表11-7）。

① 新たな事業機会を発見できないサーチリスク
② ビッグピクチャーのある計画が立てられないプランニングリスク
③ 事業機会の規模が大きくならないスケールリスク
④ 顧客に評価され、実際に収益が上がるビジネスモデルとして成立しないビジネスモデルリスク
⑤ 組織が上手く新しい戦略に動員できないという組織リスク
⑥ 個々の従業員の士気が上がらず、必要とされる行動ができないマネジメントリスク

これらのリスクを最少化することで新市場創造の可能性を高めるのがブルー・オーシャン戦略です。そのためブルー・オーシャン戦略にはこの6つのリスクに対応する6原則があります。この6原則を実行するために「バリュー・イノベーション」「ティッピング・ポイント・リーダーシップ」「フェア・プロセス」が必要となります。

◆ ノンカスタマー（non-customer）

「広大」な新需要を創造することがブルー・オーシャン戦略の目標であり、摸倣を防ぐ手立ての1つでもあるので、新たな市場の潜在性がそもそも小さいという規模のリスクを避ける方法が必須です。そのためには既存顧客のみに目を向けていては不十分で、「ノンカスタマー」を深く見る必要があります。そのためにノンカスタマーを市場からの距離に応じ

図表 11-7　市場創造のリスクに対応する6原則

ブルー・オーシャン戦略の全体像

策定の「原則」	各「原則」が低減させるリスク

1 マーケットの境界線を再構築する → **サーチリスク**
➡バリュー・イノベーション

2 細かい「数字」ではなく、ビッグピクチャーにフォーカスする → **プランニングリスク**
➡バリュー・イノベーション

3 既存の「需要」を超える → **スケールリスク**
➡バリュー・イノベーション

4 正しい順序で戦略を策定する → **ビジネスモデルリスク**
➡バリュー・イノベーション

実行の「原則」	各「原則」が低減させるリスク

5 キーとなる組織のハードルに打ち勝つ → **組織リスク**
➡ティッピング・ポイント・リーダーシップ

6 「戦略」に「実行」を組み込む → **マネジメントリスク**
➡フェア・プロセス

出典：W・C・キム、R・モボルニュ／入山章栄 監訳／有賀裕子 訳『新版 ブルー・オーシャン戦略』（ダイヤモンド社）を修正

て3層に分けて考察するのです（図表11-8）。

　ノンカスタマーの第1層は、Soon to be（境界者）と呼ばれ、現在あなたの製品・サービスを最低限度で使用しているが、ロイヤリティは無く、常にもっと良いものは無いかを探しています。つまりはすぐにでも逃げ出してゆきそうな層です。しかし、製品・サービスの価値が彼らにとって飛躍的に高まれば、購買頻度を引き上げ、高額な購入をしてくれる優良顧客になってくれる可能性もあります。QBハウスは床屋には来ている

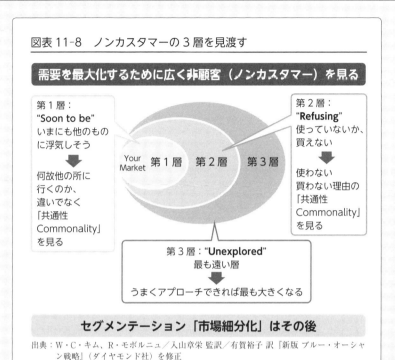

図表 11-8　ノンカスタマーの 3 層を見渡す

需要を最大化するために広く非顧客（ノンカスタマー）を見る

第1層：
"Soon to be"
いまにも他のもの
に浮気しそう

↓

何故他の所に
行くのか、
違いでなく
「共通性
Commonality」
を見る

Your
Market　第 1 層　第 2 層　第 3 層

第2層：
"Refusing"
使っていないか、
買えない

↓

使わない
買わない理由の
「共通性
Commonality」
を見る

第 3 層："Unexplored"
最も遠い層

↓

うまくアプローチできれば最も大きくなる

セグメンテーション「市場細分化」はその後

出典：W・C・キム、R・モボルニュ／入山章栄 監訳／有賀裕子 訳『新版 ブルー・オーシャン戦略』（ダイヤモンド社）を修正

が長い時間をかけたくない、効率的に整髪をしたいというノンカスタマー第 1 層に光を当てて成功しました。

　ノンカスタマーの第 2 層は、は Refusing（拒絶者）であり、自分たちのニーズに鑑みて検討したうえで、あなたの（もしくはあなたの業界の）製品・サービスを使用しないという判断をした層です。あなたの製品の提供する価値が十分でないと思ったか、価格が見合わない（支払えない）と判断した層です。この第 2 層のノンカスタマーのニーズは他の何かで満たされているか、あきらめているのかもしれません。この第 2 層のノンカスタマーは巨大な未開の市場を切り開く可能性が大きいのです。任天堂の Wii 開発時でいえば、学生時代はゲームをしていたが、就職をして忙しくなってゲームを止めた社会人層でしょう。

　ノンカスタマーの第 3 層は、未開地であり、既存市場から最も遠いと

ころにいます。業界内の会社もこの層を顧客にしようと考えたことがな
く、このノンカスタマーたちもその業界の製品やサービスについて使って
みようと思ったことが無い人たちです。任天堂の Wii が市場に出るまで
は、多くの母親にとってゲームは敵であり、自分が使うことは想像もしな
かったはずです。

◆ 違いではなくノンカスタマーの共通点を見るパラダイム変換

　ブルー・オーシャン戦略ではノンカスタマー間の違いではなく共通点
に着目します。ノンカスタマーの第1から第3層までの共通点を探すな
ど無茶だと思うかもしれません。もちろん、各グループ内で共通点を探
すだけでも、ブルー・オーシャンの新市場を拡張することは可能ですが、
継続的に、全てのノンカスタマーの共通点を探すことに挑戦すべきなの
です。

第 **12** 章

グローバル・
マーケティング

第12章のポイント

●海外に出てゆく（アウトバウンド）、海外から来る顧客に対応する（インバウンド）のどちらにせよ、今後の事業展開にグローバルという観点は不可欠。グローバル・マーケティングは一部の海外部門の人だけのものではなくなり、多くの人にかかわるものになった。
●海外進出の場合には例えば、以下のどのような目的なのかを確認：
①市場を求める、②生産ベースを拡大する、③コストの効率化、④顧客の海外進出に伴い、⑤その他
●アウトバウンドでもインバウンドでもグローバル・マーケティングでは異文化マネジメントが必須。文化のベースには人々の価値観があり、それは国によって違いがあるといわれる。その異文化をマネジメントするには、どのような要素においてどの国で価値観の違いがあるかを知っておくとよい。そのためには例えばホフステード（最も古典的でよく使われる）の調査がある。
●海外においても自社のブランドの一貫性に留意することで強いグローバルブランドが構築できる。

1 ›› 海外展開で "飛躍的な成長を狙えるか"

　ITの発達に伴い、ヒト、モノ、カネの移動が容易になったグローバル社会では、自国の市場のみならず海外の市場へのアクセスが、企業の発展の上で重要な鍵を握っています。一方で、グローバル化は国境を越えて海外へ進出する外へのグローバル化のみならず、外から入ってくるインバウンドという内なるグローバル化の両方が同時に進行している点にも目を向ける必要があります。ここでは、海外進出するケースのグローバル・マーケティングを考えてみましょう（図表12-1）。

◆ まずは海外進出の是非を確認

　文化、制度といった外部環境を念頭に置いた場合、国内市場をターゲッ

トにする方が難易度としては低いわけですが、グローバル化する主な理由は次の点が考えられます。

①**市場を求める**

②**生産ベースを拡大する**

③**コストの効率化**

④**顧客の海外進出に伴い**

⑤**その他**

があります。仮に市場を求めてのグローバル化だとしても、なぜ市場を海外に求めなくてはいけないのでしょうか。規模の大きな市場があるためか、それとも製薬業界のように膨れ上がる開発費をペイさせるためには一国の市場では間に合わなくなったからなのか、グローバル化の目的を明確にせずには適切な進出先は決まりません。グローバル・マーケティングの基本もこれまで見てきたマーケティングと同じです。目的を決めたら魅力度と自社の優位性からターゲットを決めるように、どの国に進出するかを決めます。

◆ 進出国の選択でのチェックポイント

国の選択において見なくてはならないのは次のような点です。

①**市場規模**：人口、人口成長率、人口構成、所得構成、GDP など

②**経済特性**：基幹産業、国内の地域別分布、インフラの整備状況

③**政治特性**：政治の経済への関与度、政権の安定性、意思決定の特徴、法律形態（参入制限、関税、為替管理）など

④**文化特性**：言語、宗教、日常生活やビジネスにおける慣習・価値観

⑤**リスクファクター**：日本は世界でも比較的安全な国なのでカントリーリスクを意識することは少ないですが、グローバル戦略時にはテロ・疫病などのリスク要因を見ておく必要があります。

例えば、欧州の企業の海外展開は、地理的・文化的距離が近い欧州内周辺国もしくは、自国が宗主国であった植民地から展開を始め、その後他の国々にグローバル展開することがスムーズです。地理的・文化的に距離のある日本に進出することは困難だったので欧州委員会は 1979 年

にETP（EU Executive Training Program）という欧州企業の日本開拓担当者をトレーニングするプログラムを立ち上げ30年以上も継続しました。これを通じて多くの欧州企業の日本法人社長が生まれたのです。日本も海外進出の際にそうした体系的トレーニングを継続する必要があるでしょう。

◆ 進出方法

4Pにおけるチャネル（Place）の選択がグローバル進出では最重要課題です。 まずは、商社・代理店によって試験的参入する場合が多いですが、代理店に独占販売権や高額な手数料といった特典を与える契約を結び、後で本格進出する際に足かせにならないよう留意しましょう。さらに資本投入が進むと、ライセンス供与、JV（合併）、自社の100％子会社、現地生産といった方法があり、この順でリスクが大きくなる反面、成功したときの果実も大きくなります。流通とITの進化により、第三国で生産し輸出、あるいは越境EC（インターネットを通して海外から注文を受け、販売をすること）が占める割合も増えてきています。信頼

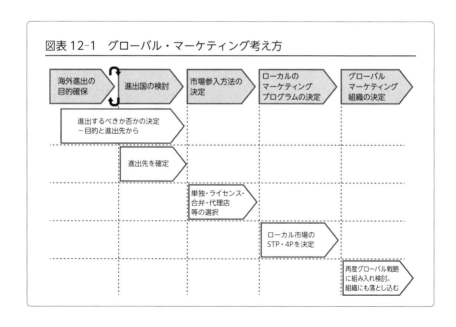

図表12-1　グローバル・マーケティング考え方

度の高い日本の日用品がアジアの人たちから一時期大量にネットを通して購入されていたケースが一例です。

　現地のマーケティング戦略は再度本国のグローバルなマーケティング戦略の中に入れ込んでみて当初の目的にかなっているか、全体で整合しているかを確認しましょう。最終的な成功のカギは、本社からどれだけのバックアップがあるかに左右されます。

2 ›› グローバル・マーケティング：進出先事例

◆ 途上国への進出

　JETRO によれば、「年間所得が購買力平価（PPP）ベースで、3,000ドル以下の低所得層は BOP（Base of the Economic Pyramid）層と呼ばれ、開発途上国を中心に、世界人口の約7割（約40億人）を占めるともいわれています。**BOP ビジネス**とは、途上国の BOP 層にとって有益な製品・サービスを提供することで、当該国の生活水準の向上に貢献しつつ、企業の発展も達する持続的なビジネスです」。BOP ビジネスにおける将来性を考えた場合、現在この7割の低所得層が、将来中間所得層になると想定されており、非常に魅力的な市場です。当然のことですが、彼らが中間所得層になってから市場に参入しようと思った時には、すでにライバル企業に先手を越されていることでしょう。つまり、現在の時点で低所得層である彼らにいかに物やサービスを提供する道筋を作り、ブランドを構築しておくことができるかの勝負はすでに始まっています。欧米、中国、韓国の企業に比較して既に日本企業はやや遅れをとっているかもしれません。

　最も典型的な例は、彼らが買える容量に合わせて売るということです。シャンプーや調味料といった日用品の場合、ビンやボトルではなく、小分けにして買いやすいように工夫します。もしくは、BOP ビジネスの趣旨や将来性を考えた場合、ビジネスインフラとしての販売網を確立す

る必要もあります。

◆ 味の素の例

　4P のひとつの要素であるチャネル（販路）は、先進国では EC の発展により物理的チャネルの重要性が相対的に低くなってきているように見えますが、途上国においては、販売網をどのように構築するかがまだまだ重要です。販売代理店など川上の流通企業を活用している欧米系のメーカーとは異なり、味の素は、直販体制（現金直売）も柔軟に組み合わせたチャネル戦略です。確かに、販売代理店を使用すれば、効率的にモノを流通させることができますが、商品を手にすることができるお客さんは都市部とその周辺に限られてしまいます。そこで、味の素は途上国の流通網が構築されていない地方に対しても商品が隅々まで届くように自社の営業部隊を持ち、1 店 1 店巡回し、モノを届けています。掛け売りでなく現金直売をすることにより、キャッシュフローを良くするだけでなく、小売店にとっても、現金で買っている以上"売り切らなければ"という販売促進におけるモティベーションを生むきっかけになっています。そしてこれが、グローバル食品大手に対する競争力の源泉となっています。

3» グローバル・マーケティングにおける 異文化マネジメントの重要性

　前項では、海外進出のケースを前提とした場合のマーケティング戦略を説明しましたが、ここではインバウンドにも適応可能な文化に関するフレームワークをみていきましょう。
　グローバル化が急速に進み始めた当初、国境を越えて物や情報が容易に行き来することが可能になったことで、文化も収斂へと向かっていくと考えられていました。ところが、実際には人々の価値観が根本から容易に変わるものではなく、逆に**異文化をどのようにマネジメントするの**

かが、マーケティング戦略においても重要度が増してきています。

◆ 文化とは

　文化と聞いて皆さんは何を思い浮かべますか。文化は形として存在していないため、なかなかイメージがしにくいかと思いますが、大きく分けて2つに分類ができます。1つ目は比較的眼で見ることができる"慣行や慣習"です。例えば、日本では結婚式のお祝いにお金を祝儀袋に入れて渡しますが、フランスでは新郎新婦が欲しい物のリストを公表し、その中から贈り物を選びます。もしくは、日本企業ではラジオ体操を行っている工場が多くみられます。これらは外から眼で見てわかる文化であり、時代の流れとともに変化し、変えることが比較的可能とされています。服装や食べ物もその一例です。2つ目は、"価値観"と呼ばれる文化で、育った社会の中で学習し積み上げられてきた、物事を判断する価値基準になります。良い、悪いといった基準がこれに当たります。インドネシアでは、家族・親戚の付き合いが非常に大事であり、場合によっては仕事より親戚との約束を優先します。仕事第一という日本人の価値観を一方的に押し付けることは避けるべきです。世代から世代へ引き継がれてきた価値観を簡単に変えることは困難です。ターゲットとなる消費者がどのような価値観を持っているのか把握することは重要です。

◆ ホフステードの文化的価値次元

　オランダの人類学者ホフステード（Hofstede）はビジネスへの適用を目的に国の文化に対する価値次元を定義しました（図表12-1）。その価値次元は、権力格差、集団主義／個人主義、女性性／男性性、不確実性の回避、短期志向／長期志向、人生の楽しみ方です。これらの価値観は、マーケティング・ミックスにおける製品とコミュニケーション戦略において特に影響がみられます。男性性とは、地位、業績や成功に対する物理的褒美を好む価値観があるため、この値が高い日本では、ものづくりやサービスに完璧主義を目指す傾向があります。そして、ラッピングや料理の盛りつけにも高い水準が求められます。また、不確実性の回

図表 12-2　ホフステードの 6 次元モデル

権力格差	階層を重視するのか、それとも平等を重視するのか
集団主義 / 個人主義	個人の利害か自分が属するグループ優先か
女性性 / 男性性	家族や友人と一緒にいる時間を大切にするのか社会的地位や成功に動機を得るのか
不確実性の回避	曖昧、未知、不確実なことに対して不安を感じる度合い
短期志向 / 長期志向	実用的で将来に備える長期志向なのかあくまでも規範重視の短期志向か
人生の楽しみ方	人生を謳歌し、楽しみたいという気持ちを発散するのか規範によってそれらを抑制するのか

出典：宮森千嘉子・宮林隆吉『経営戦略としての異文化適応力』（日本能率協会マネジメントセンター）を修正

避が高い国では、価値や質が信用できるブランド品への嗜好性が高いという研究もみられます。

◆ 高・低コンテクスト

　コミュニケーションを図る上で、前提となるコンテクスト（背景、文脈）の共有度により国の文化を高（ハイ）コンテクストと低（ロー）コンテクストに分類したのが、ホール（E.T.Hall）の**コンテクスト理論**です（図表 12-3）。高コンテクストの社会では、同じグループで育った人々は、言語、慣習、価値観等のコンテクストを共有している場合が多く、他人にメッセージを送る際に少ない情報でも意味が伝わります。日本は高コンテクスト文化であるといえます。他方、低コンテクストの社会では、コミュニケーションのバックにある背景（文脈）を共有していない割合が多いため、ゼロから言語による説明が求められます。初めて会う人とコミュニケーションをとる時は、このケースがほとんどです。

　この理論を 4P の Promotion（コミュニケーション）にあてはめてみ

図表 12-3　文化とコミュニケーション

低コンテクスト文化	高コンテクスト文化
言語への依存度大	言語への依存度小
貴方が言うことが貴方が意味すること	貴方の言葉に 10 通りの意味がある
非言語表現（ノンバーバル）への依存度小	非言語表現への依存度が大
情報はその大部分が、書かれるにせよ、口頭にせよ、特定言語によって伝達される	情報は、特定言語によるよりも、より多く物理的状況や内部の知識によってその意味が導き出される
異文化コミュニケーションで意味を十分斟酌しない（underscanning）	異文化コミュニケーションで意味を斟酌し過ぎる（overscanning）
ホンネ、正直さ、内容を重んじる	タテマエ、和、形を重んじる

出典：林吉郎『異文化インターフェイス経営』（日本経済新聞出版社）

ましょう。日本のウェブの画面デザインでは、グラフィックが多用されており、イメージを先行させた構図といえます。反対に、低コンテクストの文化の場合は、製品そのものの機能や競合製品との違いを明確に説明し、情報量をいかに多く提供できるかが鍵となってきます。

◆ 空間と時間

　空間における位置や距離感も、文化によって異なります。例えば、人と人との距離感は、ラテン系の人たちに比べると、日本人同士が対峙する距離感には一定の距離が保たれています。サービスビジネス等では内外の距離に対する感じ方の違いが特に重要になってくるでしょう。空間の捉え方で注意が必要な点は、地元の人たちにとって神聖とされている場所です。外の者にとっては、観光地の 1 つという意味づけで、広告の撮影やパッケージの背景として使用することが、摩擦を生む場合もあります。異文化圏に向けて広告を作る際にはこうした点にも留意が必要で

しょう。

　時間に対する感じ方も文化により違います。時間を正確に計るという慣習は、主に産業革命が波及した国や地域においてみられる傾向といえます。各自が腕時計を所有し、秒単位で正確に時間を知ることができる私達にとって、時間通りに物事を運ぶことは当たり前の感覚です。しかし、国によっては、時計が普及しておらず、ましてや各自が腕時計を所持する生活レベルではないケースもあります。たとえ時計があったとしても、時間に対する価値観は文化によってさまざまです。ホールは、文化によって異なる時間に対する概念を、モノクロニック（Mタイム）、ポリクロニック（Pタイム）と定義づけをしました。低コンテクストの文化は、概してモノクロニックのグループに当てはまり、順番に物事の1つひとつをこなしていきます。そして、締切を守ることが重要であり、迅速性が求められます。一方、ポリクロニックのグループは、一度に多数の事柄をこなし、順応性があることに重きをおきます（時間に関してゆるやか？）。例えば、お店の接客において、モノクロニックの社会では、1人ずつ順番に対応していきますが、ポリクロニックの社会では、1人の店員が複数の顧客に対して同時に対応することは珍しくありません。

4 » グローバル・マーケティングにおける一貫性の重要性

◆ 世界全体を対象にしたグローバル・マーケティング

　前項では、特定の国や地域に進出する場合のグローバル・マーケティングについて考えてきましたが、この項では、世界全体を対象にしたマーケティングについて学びます。グローバル・ビジネスでは基本的に世界標準化と地域適合のバランスをどのように考えるかが重要になります。半導体のように顧客ニーズが世界的に似ている業界もあれば、食品のように地域差の大きい業界もありますので、そもそも業界として世界的に

標準化がしやすい業界、地域に適合したほうが受け入れてもらいやすい業界があります。そのうえで自社のどの要素を世界的に標準化するのか、地域に適合させるのかを考えなくてはいけません。

多くのグローバル・マーケティングの最終目的の1つはグローバルブランドの確立です。もちろん収益が出なくては話しになりませんが、グローバルブランドを確立した会社はほとんどの場合、収益面が伴っています。この時、企業はブランドを世界的に標準化しています。

◆ ブランドの一貫性とコアベネフィット

グローバルに強いブランドを確立するには、①製品レンジ、②時間、③組織において一貫性が必要になります。製品レンジの観点から、まずは自社の製品ラインのどの製品を導入するかは重要な意思決定です。その際ブランドの一貫性を保ちながら、何をどこまで現地適合させるかが問題になりますが、ブランドのコアベネフィットは世界的に一貫性を保つ必要があります。その上で例えばパッケージングとコミュニケーション戦略、価格戦略等の各要素においても何を標準化し何を現地適合させるかを考察します。ちなみに一貫性と標準化は似ていますが違う概念です。一貫性はその本質は同じであることで、各地域でその伝え方は違うかもしれません。インテルがPC内でその中核機能をささえていることを世界で一貫して伝えたいので英語圏では"Intel Inside"ですが日本では"インテル・入ってる"ですね。標準化は基本的には世界的に同じ何かを適用することです。時計の製品スペックは世界中でほぼ標準化されていますね。

①コアベネフィット

一般に高級品セグメントにある商品を海外で低級品セグメントにすることはNGです。また、その商品のコアベネフィットが"髪をさらさらにするシャンプー"であれば、そのベネフィットを変えることもタブーです。ベネフィットの伝え方は地域に合わせることがあるでしょう。その他の要素は現地の嗜好にあわせて微調整をすることが必要でしょう。

近年は、ITの発達により、製品全体をほとんど変えずに世界中で販

売され、成功している商品が増えています。その典型例としては、Apple の製品があります。中に入れるソフトは、もちろん各国の言語で対応がされていますが、ハード自体は、世界中で同じ製品が売られています。食べ物の場合、同じ製品をグローバルで提供することは難しいですが、唯一成功しているのは、結果として戦争を通じて世界中に兵站を広げられたコカ・コーラぐらいでしょう。カップヌードルは、製品自体は日本と米国でほとんど変わらないのですが、日本では食品なのに対して米国ではスナック（軽食）としてポジショニングを適合させて成功しました。

②パッケージング

慎重に標準化と地域適合を考えなくてはなりません。国によって色のもつ意味は違います。キャットフードのカルカンはパッケージのグローバルでの基本カラーは紫ですが、「日本の主婦層は食品のパッケージとして紫はふさわしくないと感じている」という調査結果から、日本市場では長らく紺色のパッケージを使っていました（今は紫になっています）。イラストに対する捉え方も異なります。日本をはじめとするアジア圏では、イラストがかわいいということで大人も購入しますが、欧米圏では、安っぽい、質が疑わしいと思われがちです。そのため、小林製薬の熱さまシートは、欧米ではイラストではなく、人物の写真をパッケージに採用しています。

③コミュニケーション戦略

ポジショニングの一貫性と伝えるべきメッセージが一貫していることに留意し、その出し方（クリエイティブ）は現地に伝わりやすいものにします。ネスレのキットカットは "Have a break, Have a KitKat" という世界共通のポジショニングを持ちながら、各地域でクリエイティブは現地適応させており、受験生向けのキャンペーンは日本独自のものです。

④価格戦略

国ごとの "相対的" 価格ポジションの一貫性を保つことが重要です。自国内で高級品ポジションにある商品は、進出先の国の市場価格においても高級品と認知されるような価格設定をするべきです。例えば、自国

図表 12-4　実際の参入戦略：「味の素®」

今では世界100か国で売られている味の素は、食の好みが似ているアジアから展開を始め、グローバルブランドへと成長を遂げました。味の素では、新規市場への参入は、まずグローバルブランドの「味の素®」で参入し、経済発展・消費者の所得水準の向上に合わせ、それらに適した製品領域の拡大（徐々に付加価値の高い調味料に広げていく）を行って、事業成長を実現させています。

各国・地域での製品展開

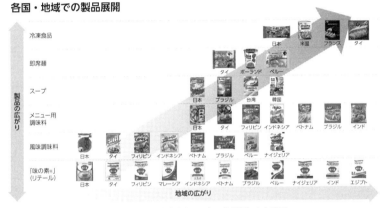

出典：味の素株式会社 2019年版「統合報告書」（2019年7月発行）より引用
掲載場所：https://www.ajinomoto.co.jp/company/jp/activity/csr/pdf/2019/ir2019jp_33-36.pdf

内では10万円で高級品として売っている万年筆で、進出国では15万円以上が高級品ゾーンと認識されるなら、そのラインにあわせます。とはいえ、海外との価格差があまりに大きいと並行輸入が増大し、正規商品の購買者の不満が高まる恐れがあるので内外価格差は1.5倍以内に抑えることが多いようです。

　これを基本的として顧客のニーズ・流通構造・競争環境に応じて戦術のフレームワークを活用して柔軟に戦略を策定します（図表12-4）。

インバウンドツーリズムの機会と課題は、日本の機会と課題の象徴

　昨今インバウンドツーリズムが注目を集めています。2019年1月にJNTO（日本政府観光局）が出した発表によれば、いくつかの災害があったにもかかわらず2018年の年間訪日外客数は前年比8.7％増の3,119万2千人で、JNTOが統計を取り始めた1964年以降で最多となりました。これは、世界全体の国際観光客到着数の成長率を大きく上回るペースで伸長しています。インバウンドツーリズムは日本の多くの産業で今後考察するべき論点が凝縮されているので、このコラムで検討してみます。

　インバウンドツーリズムを日本の成長・収益産業にするためには図表12-5に集約される2つの論点があります。論点1はマス層に対して、"日本の良さ"と想定していたことを見直す必要があるかということです。比較的低価格でも高いレベルのもの・サービスを提供する"よいもの・サービスをより安く"という概念はこれまでの日本のモノ・サービスの特徴でした。その特徴が非常に評価されるがゆえにマス層対象の観光事業では、不十分な受入れ体制に対して現地のキャパシティを超えるツーリスト・顧客もしくは想定を超える搾取的行動をする顧客が出てくるケースが頻発します。それは初期的にはいわゆる"観光公害"につながります。現状の価格とサービスレベルの構図で膨大な観光客を受け入れると、提供側の疲弊と不満そして顧客の満足の低下につながるリスクがあるのです。マス向けのおもてなしはある意味オーバーサービスであり、顧客が（国内顧客のみで）少ない時は、そのオーバーサービスを過剰搾取されないので提供側は持ちこたえられますが、顧客数が増える・想定以上に過剰搾取する客がいると破綻に繋がるのです。これまで国内観光客を主対象にしていた間は現状のサービスレベルと価格の関係でも十分対応可能

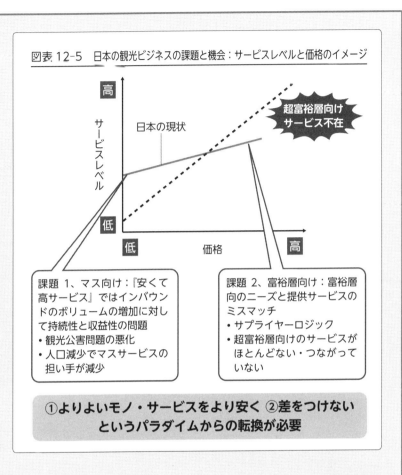

図表 12-5 日本の観光ビジネスの課題と機会：サービスレベルと価格のイメージ

超富裕層向け
サービス不在

サービスレベル

高

低

日本の現状

価格

低　　　　　　　高

課題 1、マス向け：『安くて高サービス』ではインバウンドのボリュームの増加に対して持続性と収益性の問題
・観光公害問題の悪化
・人口減少でマスサービスの担い手が減少

課題 2、富裕層向け：富裕層向のニーズと提供サービスのミスマッチ
・サプライヤーロジック
・超富裕層向けのサービスがほとんどない・つながっていない

①よりよいモノ・サービスをより安く ②差をつけない
というパラダイムからの転換が必要

だったのですが、今後日本の人口を大きく超える海外からの顧客を主対象とした場合には、上記の問題が大きく顕在化するでしょう。また、中長期的には日本の就労人口は減少し、サービス提供側のシステムを大きく変えるか、顧客側の動き方を変えなくては持続的にマス層の観光顧客に対応するサービスの担い手を確保することが難しくなるでしょう。

論点 2 は富裕層に対してで、これは下記の 2 つに分かれます：
① 日本には"超"富裕層（訪問時に数千万円を消費）向けのサービス

がほとんどありません。超富裕層のニーズ（プライバシー・効率・カスタマイズ）に合わせたインフラが整備されていないことによって世界で約13万人存在するといわれる資産5000万ドル（約57億円）の超富裕層を取り逃がしています。

　②　富裕層（訪問時に数百万を消費）向けのサービスは存在するのですが、それが時折サプライヤーロジックとなり、提供側はおもてなしのつもりが、受け手にはそのように伝わっていない場合があります。顧客もコンテクストを共有していないとそのおもてなしサービスを十分に堪能できない。しかしそのコンテクストを適切に共有する仕組みがない（弱い）のです。つまり、日本側が想定する"おもてなし"が果たして受けての視点から見ておもてなしになっていない可能性があるということです

　このようなミスマッチはツーリズムのみでなく、日本のさまざまなところで見られます。上記の図が皆さんの業界でもあてはまらないか一考してみてください。

第 **13** 章

デジタル時代の
マーケティングと
テクノロジー

┌─ 第13章のポイント ─┐

●過去 20 年ほどの技術進化のおかげで、集客面、顧客データ解析、コンテンツの管理、顧客との関係性維持等様々な面においてマーケティングで可能なことが広がってきた。このテクノロジーの効果的な組み合わせポートフォリオを、「マーケティング・テクノロジー・スタック（Marketing Technology Stack）」と呼び、それを支援する企業・サービスは膨大な数にのぼる。

●ツールに振り回されることなく、適切に活用するためにはその本質をしり、サービス提供者の特徴を知る必要がある。本章では以下の 6 つの軸でそうしたテクノロジーを整理する。

①広告とプロモーション、②コンテンツと経験、③ソーシャルと関係性、④コマースとセールス、⑤データの収集管理、⑥マネジメントツール

1 ≫ 拡張し続けるマーケティング・テクノロジー

◆ マーケティング・テクノロジー・スタック

　2000 年代からの 20 年ほどの技術進化は急速にマーケティングの可能性を広げてきました。例えば、集客には Outbrain/Facebook、ウェブのアクセス解析なら Google Analytics/TrenDemon、クラウド環境なら AWS、営業支援ツールならセールスフォース / マルケトなど、いかに先端のツールを組み合わせながら自社の事業目標達成に貢献できるかが、現代のマーケティング担当者の新たな関心ごとになっています。そして、このテクノロジーの効果的な組み合わせポートフォリオを、「**マーケティング・テクノロジー・スタック（Marketing Technology Stack）**」と呼びます。以降の内容を少々専門的に感じる方もいるかもしれませんが、これからマーケティングに携わる人、そして経営に携わる人の常識となってくる内容であり、本章を通じて多様な新しいマーケティングコ

ンセプトを理解する基盤を作っていただきたいです。

◆ マーケティング・テクノロジーの浸透

Walker Sands Communications による調査レポート「State of Marketing Technology 2017」によれば、88% のマーケターが複数のマーケティング・テクノロジーを日常的に利用していると公表しています。では、ここでいうマーケティング・テクノロジーとは具体的に何を指すのでしょうか。国際カンファレンス「Martech」を主宰する Scott Brinker は、実に 7000 をも超えるマーケティング・テクノロジー企業を Marketing Technology Landscape Supergraphic（2019）の中で、以下の 6 つの領域に整理しています（図表 13-1）。

① **Advertising & Promotion**：広告・広報に関連する IT ツール。DSP/SSP や SNS 広告、動画広告など。
② **Content & Experience**：コンテンツ・マーケティング領域。CMS・Marketing Automation ツール等。
③ **Social & Relationship**：ソーシャル・エンゲージメント領域。CRM、Influencer Mkt、Chatbot 等。
④ **Commerce & Sales**：コマース・販促領域。EC サイト構築、営業支援システムなど。
⑤ **Data**：データの収集・管理・分析・可視化領域。DMP、CDP など。
⑥ **Management**：チーム管理やプロジェクト管理領域。進捗管理や線表ツールなど。

ここで重要なポイントは、マーケティングがコントロールできるビジネス領域が 2015 年以降、急激に拡大した点です。例えば、①〜③の領域はマーケティング部門の中でも予算を多く扱ってきた広告宣伝部門の領域といえると思いますが、④ Commerce & Sales ／ ⑤ Data 等は、オンラインでの新しい顧客接点の創出から購買に至るまでの顧客体験の設計、リアル店舗を含めたオムニチャネル戦略の実行というように、営業・

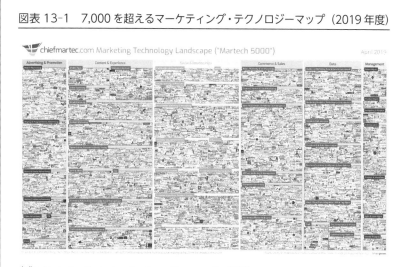

図表 13-1　7,000 を超えるマーケティング・テクノロジーマップ（2019 年度）

出典：Marketing Technology Landscape Supergraphic（2019）
https://chiefmartec.com/2019/04/marketing-technology-landscape-supergraphic-2019/

IT・商品開発（顧客体験の設計含む）をまたぐ領域になっています。本章では特にこの①〜④のテクノロジー領域にフォーカスをしながら、これまでどのような背景のもと新しいテクノロジー企業が生まれてきたかを、具体的な企業事例を交えながらみていきたいと思います。

2 » Advertising & Promotion（広告・広報に関連する IT ツール）

◆「アドエクスチェンジ」「SSP」「DSP」の3本柱

　日本において 1990 年代後半に登場したインターネット広告は、当初ウェブサイト上の特定スペースを広告枠として取り扱ったという意味では、テレビや新聞等の純広告と変わらないものでした。しかし、インターネットの広告配信ネットワーク（**アドネットワーク**）が形成され始めた

2008 年以降は「**アドテク時代の到来**」ともいわれ、メディア・広告主に関わるさまざまな革新的な**アドテクノロジー**が生み出されています。

その1つは、メディアにとって自分たちの広告枠販売を効率化し、その収益を最大化させるアドテクノロジーです。アドエクスチェンジと呼ばれるテクノロジーにより、メディアは複数のアドネットワークが持つ広告枠を一元管理することができるようになりました。これに加え、「SSP（Supply Side Platform）」と呼ばれる配信管理システムの登場で、メディアは最も高額と判断された広告枠を優先的に販売し収益を最大化させることができるようになったのです。こうしたテクノロジーの進化は、広告主が大規模な広告配信を行うことや、Cookie データ（Web ブラウザを通じて利用者が特定のウェブサイトを訪れたことを記録する仕組み）などユーザーの傾向分析に活用できるメディア情報をベースにした行動ターゲティング広告を行うことを可能にしました。その一方で、質の悪いメディアへの広告露出でブランドを毀損させてしまう「ブランドセーフティー問題」や、広告露出そのもののクオリティを問う「Viewability（≒そもそも広告が見られているのか）」といった新たな課題も生み出しています。

もう1つは、広告主にとってより高い広告効果を得るために、適切な場所／人に広告を出すためのアドテクノロジーです。アドネットワークやアドエクスチェンジの登場により、インターネット広告の取引量や取引回数は急激に増加し膨大なものになりました。これでは広告主側の負担が増すばかりです。そこで、"メディア側の収益最大化のためのプラットフォーム＝SSP"に対し、"広告主側の効果最大化のためのプラットフォーム"として登場したのが「DSP（Demand Side Platform）」です。DSP は一元的に複数の SSP と接続しており、これらの間で「RTB（Real Time Bidding）」と呼ばれる、瞬間的な「入札」が行われる仕組みが構築されています。これにより、広告主はバナーや予算を管理する運用システムを使いながら、自分たちのターゲット1人ひとりに最適な広告を瞬時に配信することができるようになったのです。これは広告業界でそれまで「枠」と捉えられてきたメディアを、「人」という単位に

置き換えていったという意味で画期的な出来事だったといえるでしょう。

◆ 人とアドテクノロジーの関係

　このようにアドテクノロジーの発展は、「アドエクスチェンジ」「SSP」「DSP」という大きく 3 つの基幹となるテクノロジーの連携により成立してきたといえます（図表 13-2）。しかし、これだけ技術が進歩したからといって人間の作業負担が減っているわけではありません。むしろ、今のアドエクスチェンジ・DSP 等を用いた運用型作業は、24 時間 365 日、際限のない広告の最適化を管理者に求めます。テクノロジーの力がオペレーション領域を広げたため、結果的に新たな業務を次々と生み出しているのです。もちろんここ数年のテクノロジーの進化をみると、各広告配信プラットフォームのさらなる技術発展により、現場オペレーションの機械学習・自動最適化が進んでいることも事実です。しかしながらそれらも、各プラットフォームに特化した部分最適化であることが多く、プラットフォームを横断的に管理・最適化することは引き続き人の業務である場合がほとんどであるといえます。

　そこで今注目されてきているのが、人が行っているメディア間の予算配分から広告の最適化までを一気通貫で自律運用するテクノロジーです。例えば、イスラエルの AI マーケティング企業 Albert（アルバート）は、人が機械を使って作業をするステージ＝自動型（Automated）からその作業自体を機械が運用するステージ＝自律型（Autonomous）への進化を唱え、AI を用いた自律型広告運用サービスを提供しています。こうしたテクノロジーが一般化すれば、現場の実行は全て機械に任せ、マーケターの仕事は初期のプランニングとクリエーティブ企画作業だけなんて日が訪れるのも遠い未来ではないかもしれません。

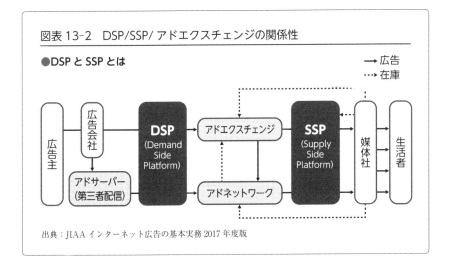

図表 13-2　DSP/SSP/ アドエクスチェンジの関係性

●DSP と SSP とは

出典：JIAA インターネット広告の基本実務 2017 年度版

3 ›› Content & Experience（コンテンツ・マーケティング領域）

　米国 Content Marketing Institute によると、コンテンツ・マーケティングとは "適切で価値があり、一貫したコンテンツを生み出し、それを伝達することにフォーカスした戦略的マーケティング手法である。これにより、見込み顧客を惹きつけ、関係性を維持し、最終的に利益に結びつく具体的な行動を促す（著者訳）" と定義されています。

　こうしたアプローチは、ターゲット顧客が明確で、購買までの検討期間が長い商材を取り扱っている B2B 企業を中心に広く受け入れられています。これまでのマスメディアを使って広く網をかけるフロー型のプロモーションから、年間を通じて一貫したコンテンツを提供して見込み顧客を継続的に引きつけていく蓄積ストック型のコミュニケーションへと、手法も変化してきているのです。すでにプロモーションの章でも触れましたが、このアプローチで常に意識を向ける必要があることは、①（継続的にコンテンツを制作するので）コンテンツの制作／運用をいかに効率化できるか、②コンテンツをいかにうまく見込み顧客に届けられ

るか、③コンテンツの効果測定をどのように設計するか、という3点です。この領域におけるテクノロジーの多くは、これらの課題を解決するために進化しているものがほとんどです。いくつか具体的なテクノロジー企業をみていきましょう。

①コンテンツ・マーケティング・プラットフォーム　NewsCred
（ニュースクレド）（https://www.newscred.com/）

北米を中心に世界40か国17都市でサービス展開を行うNewscredは、2018年のガートナーによりコンテンツ・マーケティングのリーディングカンパニーとして認定されたテクノロジー企業です。彼らは5,000以上の出版社の記事をLicensed Content（権利処理されたコンテンツ）として保有しており、**オウンドメディア**（自社で保有するメディア：ウェブサイトやパンフレット等）を運用する企業へその記事コンテンツを**CMS**（コンテンツマネジメントシステム）と併せて提供することで、長期にわたるブランドと顧客・社内ステークホルダーとの関係性構築のサポートをしています。まさに上記で述べた①コンテンツの制作／運用に関する課題を解決しながら成長してきたテクノロジーといえるでしょう。こうしたソリューションは、企業のマーケティング活動の中でも、「将来顧客の育成」にフォーカスした新しいアプローチと見られています。

②コンテンツディスカバリープラットフォーム　Outbrain
（アウトブレイン）（https://www.outbrain.com/jp/）

イスラエル発のOutbrainは、オンライン上の顧客データ（アクセスしたウェブサイトや読んだ記事の履歴データ等）から顧客の興味分野を解析し、最適なコンテンツの**リコメンデーション配信**を可能とするテクノロジーを持ったグローバル・プラットフォーム企業です（2019年10月に競合Taboolaとの合併を発表）。彼らは顧客の興味関心についてのデータをベースに、ブランドと相性の良い見込み顧客とのマッチングさせることに強みを持っており、②コンテンツをいかにうまく見込み顧客に届けるか、という課題を解決するテクノロジー企業といえます。このアプローチは既存のデータ・プラットフォーム持つ企業の間にも広がっており、市場の拡大と共に競争も激化しています。一方、GDPR（EU

一般データ保護規則）の影響で、見込み顧客を見つけ出すための
Cookie データを主体としたオンライン上の顧客データが徐々に使えな
くなってきているため、今後こうした課題に応えられるソリューション
が出てくることが期待されます。

③アトリビューション解析ツール　TrenDemon（トレンデーモン）
（https://trendemon.jp）

コンテンツ・マーケティングの定義にある「適切で価値のある一貫し
たコンテンツ」を作り続けた結果、新規の顧客を獲得したとしても、一
体どのコンテンツがそのセールス・プロセスの中で"効いていた"のか
を特定するのは簡単ではありません。なぜなら、そのためにはオンライ
ン上のすべてのカスタマージャーニーを可視化したうえで、各コンテン
ツの評価をする必要があるからです。それを可能にした代表企業が
TrenDemon です。これは上記課題の③コンテンツの効果測定をどう設
計するか、に対応するテクノロジーの事例です。昨今 PDCA のサイク
ルを回すことや、データを基点とした施策を考えることが当たり前のよ
うに叫ばれるようになりましたが、この手の効果測定に関するテクノロ
ジーは、あらゆるマーケティング戦略の前提となる標準ツールといえる
でしょう。

4» Social & Relationship （ソーシャル・エンゲージメント領域）

◆ ソーシャルメディアの普及とマーケティングへの影響

ソーシャルメディアの普及は人々の情報発信力を飛躍的に高め、社会
的な影響力を持つ個人（ソーシャル・インフルエンサー）を多く生み出
しました。このインフルエンサーと呼ばれる人々は、特に**ミレニアル世
代**（1981 ～ 1996 年の間生まれ：米国ピューリサーチセンターの定義）
を中心とした若者たちの消費・購買行動に大きな影響を与えるといわれ

ています。英国のデジタル・マーケティング企業 Econsultancy が発行するレポート「Influencer Marketing 2020」(2018) によれば、米英の18 〜 34 歳の消費者のうち 61% が購買の意思決定の際にインフルエンサーの影響を大きく受けると回答しており、実際に Facebook 上の情報を見てオンライン／オフラインで商品の購買を行なったという人も 62%と非常に高い傾向にあることも別の調査（Influencer MarketingHub(2017)）によって裏づけられています。マスメディアだけでは捉えきれない若者層へリーチし、彼らの購買行動に大きな影響を与えられるチャネルとして、ソーシャル・インフルエンサーが期待されているのです。こうした背景のもと、多くのインフルエンサー・マーケティング専門エージェンシーや、テクノロジーがこの領域で生まれています。

①ソーシャルメディア・エージェンシー　SWIM Social Inc.
　（スウィム ソーシャル）(http://www.swimsocial.com/)

　セレーナ＝ゴメスら有名女優やミュージシャンといったセレブリティのパーソナルブランディング、アーティストや企業のプロジェクトのソーシャルメディアを通じた PR を戦略立案から実行まで行っている代表的な専門エージェンシーが米国の SWIM Social Inc. です。2018 年にはイーロン＝マスクと ZOZO Town 前澤前社長のコラボレーションで話題になった月旅行「dearMoon」の PR にも関わっています。彼らの提供サービスには、「Content Production/Platform Management/Community Management/Reporting System」といったキーワードが並んでいますが、これこそソーシャル・エンゲージメント領域で開発されているテクノロジー群といえるでしょう。例えば、グローバルで多くのユーザーを抱える代表的なプラットフォームには Instagram, Facebook, Twitter, Pinterest, Youtube といったものが挙げられますが、それぞれユーザー属性や扱われているコンテンツ（写真、動画、テキスト）が異なります。プラットフォームの特徴に合わせながら、必要な画像・動画コンテンツの制作を行うためのソリューションは常に求められています。またターゲット・ユーザーの属性を知り、彼らのエンゲージメント・レベルを測定するために、オンライン上でシェアするコメントやコンテンツをト

ラッキングできるテクノロジーを持つことも重要です。こうした企業側のニーズに応える形で、多くのソーシャル関連のソリューションが生まれてきています。

②インフルエンサー・マーケティング企業　indaHash（インダハッシュ）（https://indahash.com/）

Econsultancy 発行のレポート「Influencer Marketing 2020」（2018）では 2018 年時点で、大きなトレンドとして、いわゆる有名タレント・セレブリティ等のインフルエンサーからマイクロ・インフルエンサー（特定コミュニティ・ジャンルで強い影響力を持つインフルエンサー）へのシフトが起きていると指摘されています。なぜなら、マイクロ・インフルエンサーの方がよりターゲット顧客に関連性の高いコンテンツを生み出すことができ、セレブリティよりも費用対効果が高いマーケティング施策を実行できると多くの企業が考えているためです。「Influencer Marketing 2020」レポートによれば、56% のマーケターが、マイクロ・インフルエンサーの方がトップタレントよりも費用対効果が高く、55%がターゲット顧客との深い繋がりを持っていると考えていました。このマイクロ・インフルエンサーを中心に世界 80 か国以上で約 100 万人以上をネットワーク化し、インフルエンサー施策を提供している企業がindaHash です。彼らはインフルエンサー・マーケティング施策のプロセスで発生するインフルエンサーの選定、オリエンテーション、レポーティングという煩雑になりがちな作業を、独自のテクノロジーにより一元化・省力化することを実現しました。また、インフルエンサーの質を維持するために、登録に厳しい条件（インスタグラムであればフォロワー300 人以上、投稿数 70 以上のほか一定のエンゲージメントの達成など）を課すなど、フェイクインフルエンサーを排除する仕組みを提供することで、広告主の信頼を獲得しようとしています。マーケターはこうしたプラットフォームを活用することで伝えたいブランドの世界観を優良なインフルエンサーの投稿に反映させることができるようになり、期待する成果を獲得しようとしているのです。

◆ ソーシャルメディア・ソーシャル・エンゲージメントの問題点

　上記のようなソーシャル系テクノロジー企業が成長する一方、本領域は「人」をメディアとして取り扱っているためコントロールが難しく、さまざまな問題も指摘されています。ユニリーバの CMO キース＝ウィードは 2018 年のカンヌでの講演で、フォロワーを不正に集めて詐欺を働いているインフルエンサーの存在を指摘しながら、「完全に使えなくなってしまう前に、信頼を取り戻す早急なアクションが必要」と警告しています。Econsultancy「Influencer Marketing 2020」の調査では、「ブランドコミュニケーションの一環としてインフルエンサーとどのくらいの期間働いたことがあるか」という設問に対して、「1-2 年」という回答が最も高く、一度試してみたものの期待する成果がでない、もしくはリスクが大きいと考えるマーケティング担当者が多いことも推察されます。今後、こうしたコミュニケーション・チャネルとして大きなポテンシャルを秘める「メディア化した個人のネットワーク」を安全かつ有効に使うためにも、企業側の知見とテクノロジーを融合させていくことが欠かせないでしょう。

5 ›› Commerce & Sales （コマース・販促領域）

　EC サイト構築のためのソリューションは多数出てきており、企業にとって E コマースのチャネルを持つことは珍しいものではなくなってきました。この背景には、いくつか戦略的な意味合いがあると考えられます。一つは顧客のメールアドレス、購入履歴、サイト上での行動記録などの顧客のファーストパーティーデータ（自社データ）取得が、企業の最優先事項になってきていること。直接顧客との接点を持ち、顧客の嗜好の変化を理解しながら最適なサービスを開発することで、顧客の LTV（ライフタイムバリュー：顧客生涯価値）を高めることが至上命題となっているのです。それに付随して、D to C（Direct to Consumer：

流通を介さず直接顧客へ販売すること）ビジネス／サブクリプション型販売へのシフトや、営業との効果的な連携など、新しいビジネスモデルや営業支援の形を組織的に模索する動きが活発化しています。こうした動きに呼応するように、セールスフォースに代表されるようなマーケティングオートメーション・ツールや、販促支援のためのソリューションが生まれてきています。以下、いくつか新しいタイプのテクノロジー企業をみてみましょう。

①トランザクション・マーケティング　Rokt（ロクト）

（https://rokt.jp/）

「自分の欲しいものを買った瞬間、顧客は心理的に高揚して買い物モードになっている」。そんな消費者インサイトに基づき、ECサイトの購入後画面をアドネットワーク化し、さまざまな商材のマッチングを行なえるプラットフォームを提供している企業がRoktです。このプラットフォームの最大の強みは、ECサイトの実際の利用者データを用いたターゲティングが可能である点にあります。例えば、東京在住のA子さんが、あるチケットサイトで人気のミュージシャンの北海道公演チケットを購入したとします。この時、顧客データを持っていれば、「北海道までの移動手段が必要になるはず」「少なくとも現地で1泊はしなければならない」「女性であることから旅用のコスメが必要になる」といったニーズをすぐに把握し、そこに対してディスカウントつきの航空券・宿泊予約・トラベルパックといったオファーを投げることは容易にできます。結果、Roktのプラットフォームは、パブリッシャーと広告主を非常に高いマッチング精度でつなぐことに成功しています。これはECサイトに関連したテクノロジープラットフォーマーの一例ですが、いわゆるアドテクで用いられる顧客の傾向分析データではなく、実データをベースにしたマーケティング施策を行うことがいかに強力かを示唆してくれています。

②顧客共創プラットフォーム　G-NEXT（ジーネクスト）

（https://www.gnext.co.jp/）

顧客中心主義を唱える企業は多いですが、実際に顧客のさまざまな声

を商品開発や販促に活かしている企業は決して多くありません。なぜなら企業の顧客対応窓口のミッションの多くは、「お客さんからのクレームを解消すること」＝「マイナスをゼロにする」ことにフォーカスが当てられているからです。これらの顧客クレーム情報をテクノロジーの力でプラスに転換し、企業経営に活かすためのサービスを開発している企業が、顧客共創プラットフォーム企業 G-NEXT です。彼らの強みは、お客様相談室の業務サポートを通じ、AI 技術を用いて「顧客の声」を有益なインサイトに転換しながら企業内のステークホルダーにシェアできるプラットフォームを提供している点にあります。例えば、次のような場面で顧客の声は有効だと言われています。「営業が販促活動を通じて顧客リードを増やしたい時」「商品開発部が顧客の悩みを解決するイノベーティブな商品を作りたい時」「経営陣が株主総会において顧客の不満や本音を理解した上で適切なビジョンを示したいと考える時」など。賞賛の言葉よりも、むしろ手厳しいクレームの方が企業活動の改善に活かせる情報であるとも考えれば、全ての顧客接点が宝の山です。まさにG-NEXT が取り組んでいるビジネスは、今まで人が勘や経験だけで対応してきた顧客接点領域であるからこそ、大きなポテンシャルを秘めているといえるでしょう。

　ここまで見てきたマーケティング・テクノロジー分野はそのまま現代のマーケティング組織が抱える課題と言い換えることもできると思います。マーケティング・テクノロジーの進化に合わせて、人の能力や組織もアップデートが求められているのです。

第 **14** 章

これからの
マーケティング

第14章のポイント

●今後注目すべきコンセプトにオンラインとオフラインの境界線の消滅 Online Merges Offline（OMO）がある。それはオンライン事業者がリアルへ、リアルの事業者がオンラインへ進出することで、オンラインとリアルが有機的に融合していく多様な世界を指す。

●顧客データの獲得、活用に向けて、自前なのか他社を活用するかを問わず、データプラットフォームの扱いがより重要になる。

●全ての組織は、商品・サービスのコモディティ化（一般化）がさらに進み、所有に加えて使用（サブスクリプション）という概念が広がることで、さまざまな変化に対応する必要がでてくる。

●マーケティングが対応する領域が今後広まる中、組織のすべての人が何からのマーケティング知見とマーケテイングマインドを持つ必要が出てくるのと同時に、マーケティング担当者にも広い経営知見が求められるようになるだろう。

　テクノロジーの進化は、今まででは考えられないような顧客へのきめ細やかなアプローチを可能とし、企業のマーケティング活動のみならず組織・人材に必要なスキルセットを変えてきています。テクノロジーと相互に影響を与え合いながら政治経済動向も変化を見せています。最終章では、マーケティング観点からさまざまな業界で起きている象徴的な事象を読み解きながら、これからのマーケティングに必要なマインドセットについて論考していきます。

1 »»境界線の消滅：
Online Merges Offline（OMO）

　グローバリゼーションによる国境の消滅について書かれたトマス＝フリードマンの『The World is Flat』が出版されてから 10 年以上経過しました。デジタル化の進展は、世界の距離を縮めるだけではなく、各業

界の壁をも壊し、産業構造の転換を迫っています。その象徴的な出来事の1つが、アマゾンとウォルマートの競争です。本や電子コンテンツ等を扱うオンラインビジネスを主戦場としていたアマゾンは、2017年6月に高級食料品小売のホールフーズを買収し、遂にオフラインのビジネスにも進出しました。一方、世界最大のオフラインビジネスともいえるスーパーマーケットチェーンのウォルマートは、2016年に米ネット通販のジェット・ドットコムを買収し、その創業者であるマーク＝ロアをeコマース事業担当役員に据え、こうした動きに対応しました。かつては交わることのなかったオンライン／オフラインの巨人たちが今、まさに同じ山の頂を目指ししのぎを削っている状況です。

　金融業界はさらに混沌とした状況です。現在米国の消費層の中心にあるミレニアル世代を対象としたqontisの調査によれば、スマホ中心の消費行動をとる彼らにとって既存の店舗・営業主体の金融サービスへの関心は薄く、ペイパルやスクエア、グーグル、アマゾンといった人気テクノロジー企業が提供する金融サービスを使いたいという強い嗜好があるといわれています。マイクロソフトの創業者ビル＝ゲイツはかつてこの状況を予見してか、「銀行機能は必要だが、いまある銀行は必要なくなる」と発言しました。ゴールドマン・サックスのロイド＝ブランクファインCEOは、大きな業界再編の波に備え、「我が社はテクノロジー企業である」と発言。実際に社員の3分の1を技術部門に所属させるなど、組織のデジタル・トランスフォーメーションを行っています。こうした動きは金融に限らず、どの業界にも共通した課題となっています。**時代の変化はまさに「オンラインvsオフラインの時代」から「境界線が消滅した（Online Merges Offline）時代」へと転換してきているのです。**

2» 顧客データプラットフォーム（CDP）の確立に向けて

　2018年に話題となったセールスフォース社によるDatorama買収、

ソフトバンク傘下の arm 社による Treasure data 買収は、まさにオンラインとオフラインの境界線を跨いで顧客データを統合し、新しい顧客データプラットフォーム（CDP）を生み出そうという動きの表れと考えられます。しかし顧客のプライバシーの取り扱いに関しては、2018年 欧州において一般データ保護規制（GDPR）、2020 年に米国カリフォルニア州においてカリフォルニア州消費者個人保護法（CCPA）が施行されるなど、政府による厳しい規制が取られ始めています。この流れを受けて、2020 年 1 月に Google も 2022 年までに自社ブラウザである Chrome においてサードパーティークッキー（第 3 者がブラウザ上で顧客の動きをトラッキングするためのデータ）を段階的に廃止するという発表を行いました。**いま企業はまさに、自社で独自に取得した顧客データ（ファーストパーティーデータ）からさらに一歩前に進み、適切なコミュニケーションを通じて利用許諾を得た顧客データ（ゼロパーティーデータ）をもとに、具体的なアクションにつながる消費者インサイトを導き出すことを求められています。**

　この動きに呼応するように、さまざまな企業が顧客のファーストパーティーデータを獲得することを念頭に、D to C モデルやオウンドメディアを活用したコンテンツ・マーケティングに取り組み始めています。企業はこうした新たな力を活用しながら、適切なターゲットに対して、適切な場所、適切なタイミング、適切なコンテンツを届けることで顧客エンゲージメントを高めていく努力を求められてきています。

3 » 全ての組織とマーケティング担当者が 直面する課題

　一方、ブランドにとって「**顧客エンゲージメント**」の獲得は、古くて新しい課題ともいえます。確実にいえることは、それを獲得するのは以前よりもはるかに困難になってきたということでしょう。その背景にある「急速な商品のコモディティ化」と「サブスクリプション（購買型）

モデル」の進展について、詳しくみていきましょう。

♦ とまらない商品のコモディティ化

　Cadent Consulting Group の調査によると、伝統的に景気が低迷するときにプライベートブランドの売れ行きが伸び、景気が回復するとブランドの売上が伸びるという傾向がありました。しかし 2017 年以降、このプライベートブランドの売上の伸びが止まらないという現象が起きています。1010data.com の統計データによると、オンラインで購入されている乾電池の 3 分の 1 はアマゾン製であり、赤ちゃん用おむつなどブランディングにかなりの広告予算が投下されている商材においても、Huggie や Pampers といったトップブランドに次いで売れているのはアマゾンのプライベートブランドだといわれています。まさにブランド受難の時代の到来です。このような環境の中で 2017 年 6 月に「Brandless」という、その名のごとくブランドロゴを一切排した日用品を全て 3 ドルで売るという消費財ビジネスを立ち上げた新興スタートアップが、5000万ドルの資金調達をしたことが話題となりました。これらはあくまで米国の事例ではありますが、先進国を中心にブランドを気にしない層が拡大しつつある中で、「どのようにして自社製品の差別化を図るのか？」という難問が企業に投げかけられています。

♦ サブスクリプション・モデルがもたらす
　　ゼロ・コミュニケーションの世界

　コモディティ化の流れとは別に、第 5 章でも見たサブスクリプション・モデル（定期購買モデル）がさまざまな商材に持ち込まれつつあることも、従来のマーケティングの手法を変える一因となっています。例えば、一時期話題になったアマゾン・ダッシュ・ボタンの（ボタン 1 つで特定の商品のオンライン購入が可能となるツール）登場が我々に見せた未来は、「ゼロ・コミュニケーションで多くの経済活動が行われる時代」です。つまり、企業と生活者がある条件のもとに定期購買をする契約を行うことで、「牛乳がきれたから買いに行く」「テレビが古くなったから買い替

える」「子供ができたから大きな車に乗り替える」というブランドスイッチのタイミングそのものをなくし、安定・継続的な顧客との関係性をつくりあげることが最も効果的なマーケティング戦略となるということです。実際、自動車業界ではリース型で車種の乗り換え可能なサービスが出てきており、実質このサブスクリプションモデルが導入されているともいえます。この流れは今後、単価の低い商材を扱う消費財メーカーにも広がっていく可能性があります。

　また、このモデルは商品開発のあり方そのものも変えていっています。その象徴的な事例が、106頁でも紹介したオンラインストリーミング大手ネットフリックスです。彼らは1600万人の定期購入契約者を抱えることで、短期的なブランドスイッチを気にすることなく顧客の顕在化・潜在化されている嗜好を理解し、顧客が求めるオリジナルの動画コンテンツをつくりあげるという黄金サイクルをつくりあげ、成功しました。

　このように顧客エンゲージメントの獲得には、従来のマーケティング・コミュニケーションによるブランディングだけでなく、ブランドスイッチのタイミングそのものをなくすサブクリプション・モデルの提供など、より複合的な事業アプローチが必要になってきます。そして、そのオペレーションを可能とする攻守一体の組織を作りあげることが、今まであまり考えられてこなかったマーケティング上の課題となってきているのです。顧客の購買行動について深い洞察を持つだけでなく、最高のサービスを提供し続けるための組織づくりにもマーケティング目線が求められています。

4 ›› P&L 責任をもつマーケティング部門の台頭

◆ マーケティング予算の増加

　ガートナー社が発行する CMO Spend Survey によれば、2016年時点でマーケティング予算の売上に占める割合は12%まで上昇しており、

マーケティング・テクノロジーへの投資はIT部門によるテクノロジー投資をいずれ上回るといわれています。そして同レポート内で、P&Lに責任をもつマーケティング部門の予算は、それを持たない部門に比べ平均して20%以上大きな予算を与えられる傾向があると報告されています。これは非常に興味深いデータです。P&Lに責任を持つとはつまり、最終的な売上数字に対して責任を持つという話です。これまで多くのマーケティング部門は、営業支援を主なKPIとして活動してきました。サッカーでいえば、あくまで点取り屋の最終ラインにボールを共有するパサーの役割です。それがテクノロジーの進展により、フィニッシャー（ゴールを決める人）としての役割も果たせるようになったのです。これはそれまでマーケティングをコストと捉えていた経営者の目線からすれば、画期的な出来事といえるでしょう。なぜなら、プロフィット部門として扱われる組織であれば、マーケティングを純粋な投資として捉えやすいため、合理的なロジックの元でスピーディーなマーケティング予算の増減が可能だからです。実際、P&Gをはじめブランドマネージャー制度を導入している外資ブランド企業では、ブランドマネージャーがP＆L責任を持って商品の開発からプロモーションを一気通貫で管理しています。元P&Gのマーケターが各業界で活躍しているのは、この経験値を買われてのことだと考えられます。売上のトップラインに大きな影響のある攻守のオプションを経営が持つことは、想像以上に企業経営にインパクトを与えることでしょう。

◆ マーケティングが組織と経営を変えてゆく？

　このように、マーケティング・テクノロジーの進化は、マーケターに求められる資質を変えるだけではなく、組織そのものを変革し、経営のあり方にまで影響を与えています。この日進月歩で変化する環境において、テクノロジーという武器を扱うのが苦手な組織（経営者もマーケターも）にとっては、非常に困難な時代が到来したともいえるでしょう。ガートナー社の調査によると、C-Suiteクラスの中でもCMO（チーフマーケティングオフィサー）の在任期間は平均4.1年と、他のC-Suiteクラス

と比べても非常に短いという結果がでています。昨今では Macdonald's や Johnson & Johnson などマーケティング活動で有名な企業において、CMO という役職が事実上廃止されるという事例も見られるようになってきました。これは、マーケティング機能拡張の流れに伴い、マーケティング部門に求められる仕事が以前より格段に複雑になってきており、一つの役職でカバーしきれないレベルになってきていることを如実に表しているといえるかもしれません。従来のマーケティング人材・組織の根本的な Update が必要となっているのが、現在という時代なのです。

5 ≫ マーケティング担当者がいなくなる日：経営人材に必須スキルセットとしてのマーケティング

　ここまでの背景を踏まえ、どのように私たちは事業の成長を加速させる存在になれるのでしょうか？　英国の有力マーケティング・コンサルティング会社 Econsultancy（イーコンサルタンシー）は、デジタルと伝統的なマーケティングを融合させた **Modern Marketing Model（M3）** を提唱し、「**いかに事業戦略の実行をマーケティングがサポートできるか**」という問いから、全てのプランニングをスタートさせることを説いています。ここでも重要なことは、どんなに時代や環境が変わろうとも、全てのマーケティング活動は「**顧客にモノを買ってもらえる仕組みを作ること**」に尽きるということです。その最終ゴールへの目線は維持したまま、目の前の目標にフォーカスする虫の目と、俯瞰的にビジネス全体を捉える鳥の目を持つこと。マーケティング・テクノロジーという新しい武器の目利きの力を養うこと。部署／組織間を超えた越境行為を積極的に行う勇気と行動力を持つこと。これはマーケターのみでなく、これからの企業のリーダー層に求められる資質ではないでしょうか。もはやマーケティングという機能は、1 つの部署や職種としての役割を超えて、事業経営を担う者誰もが必要とする「スキルセット」となってきているのです。それは良い意味で、「マーケターがいなくなる日」といえるか

もしれません。本書をきっかけとして、従来のマーケターを超える経営人材への道を歩まれる方が多く生まれることを祈念しております。

コラム 7
マーケティング倫理

　ここまで見てきたようにマーケティングは商品販売のみでなく経営にも影響を与える強力なツールになってきました。適切にマスターできれば、熱狂的な顧客を増やし大きな利益を獲得することも可能です。

　ただし、それゆえに自分なり、自社なりの倫理観をもってマーケティングの活用に線引きをすることも必要です。

　マーケティングに倫理が必要な1つ目の理由は、当たり前の話ですが

図表 14-1　マーケティングと倫理

Johnson&Johnson のタイレノールの事例

Johnson&Johnson は「クレドー」と呼ばれる明確な倫理規定を持ち、それをすべての事業に厳格に適用することを求めている会社である
- 1982 年、同社製品であるタイレノールという薬剤に、何者かが毒物を混入する事件が起きた
- 同社の経営陣は「クレドー」の考えに基づき、同社はこの事実をすぐに顧客に公表し、膨大なコストをかけ製品を売り場から撤去した
- この一連の行動により、同社は事件によりブランドを損なうことなく、顧客の信用を構築した

松下電器産業 (現パナソニック) の FF 石油暖房機の事例

- 2005 年、松下電器産業が一時期に製造した FF 石油暖房機に不具合があり、それが原因で2人が死亡するという事件が起きた
- 同社は即刻回収・修理に乗り出したが、全品回収・修理はままならなかった
- 同社はほぼすべての広告を回収告知広告に変え、2005 年度に 240 億円の費用をかけて告知をした。2006 年2月時点では 60％程度の回収率となり、さらに数十億円をかけて全国ハガキで告知を行った

こうした姿勢は消費者に信頼感を与えた

"人として正しいことをすべき" ということです。2つ目の理由は、倫理的なマーケティング意思決定を行うことが多くの場合には長期的に見て組織に利益をもたらすということです（図表14-1）。

　最初から顧客を欺こうとするのは論外ですが、はじめはまっとうなマーケティング目的で考えられていたことが徐々に顧客の視点を忘れてエスカレートしてしまい、顧客に不利益を生じさせることもあります。例えば英会話教室等で "回数チケットによるディスカウント" という制度があります。顧客の利便性を高め、継続してレッスンを受けるインセンティブになり、経営の安定化にも寄与します。しかし、最初からあまりに長期のチケットを売りつけたり、契約時にメリットのみを伝えて顧客に不利な条件を伝えていなかったりするのは倫理的なマーケティングではありません。

　強いツール・武器を持ったものは、それ相応の倫理観をもってその武器を使わないと、最終的にその身を滅ぼしかねないのです。それはマーケティングのみでなく戦略、財務・会計、組織論などにもいえることです。

実践付録

マーケティングプランの構成（例）

（基本的な構成と考え方は他の用途にも適用可能）

1. 提案の要約

3 ～ 5 行程度で、具体的な目的・製品の特徴・マーケティング・ミックスの特徴を述べる。

....

2. 背景

（ア）市場動向

□ 市場分析は全体に客観的な事実と判断を分けて書くこと。
事実は極力定量的に、全体感がわかるように

①全体

マクロ環境（業界をとりまく規制・経済動向・一般的な消費者トレンド・技術動向）の中で本製品に影響の大きいものを抽出

②競合

主要な競合企業の取り組み、製品、価格、プロモーション、チャネル戦略や、新規参入企業の将来インパクトをもちそうな情報を抽出

③顧客

既存・潜在顧客の規模・嗜好の変化やセグメントの変化、もしくはその兆候から本製品に影響の大きいものを抽出。できるだけその顧客動向にどの程度のインパクトがあるのかがつかめるように記述

④トレード・補完プレーヤー

必要であれば、供給業者、流通業者、補完プレーヤーの動向で、本製品に影響のあるものを抽出。今後どのような変化が予測されるかを理由をつけて述べる

（イ）市場の中での自社の位置づけ

□ 定量・定性の両面から、自社の位置づけを記述。
「全体像→個別製品」という順番で。顧客の評価の際は、どんな顧客から（特性・規模・成長性）の評価なのかを明確にする

□ 環境分析のまとめを SWOT などで整理してもよい。
時系列の変化に留意すること

....

3. 最終目的

□ 定性目標・定量目標と達成時期を極力具体的に記述

□ プロセス上の目標があればそれも記述。目標の測定指標も記述

4. 具体策

（ア）商品説明

☐ 社内用語ではなく、対象顧客に理解される言葉でシンプルに説明。
ウリ（どのような顧客の課題／社会課題を解決するのか。
ベネフィットは何か）は何か、なぜそういえるのかを明確に。
あえて捨てた要件があればそれも記述

（イ）ターゲット顧客

☐ セグメンテーション・ターゲティング・ポジショニングの説明。
具体的な顧客のイメージがつかめるように。テストマーケティング、
フォーカスグループなどの調査をしていればその結果の要約も記述

（ウ）商品の調達先

☐ 信頼性・安定性の担保がされているのか。想定ボリューム・
変更リードタイムの目安も記述

（エ）パッケージ

☐ 単に顧客へのアピールだけでなく、調達・生産・物流プロセスから
小売りの棚、廃棄に至るプロセスで問題がないことを確認して記述

（オ）価格

☐ 基準とした他社・代替品などの参考指標があると、
価格の根拠が理解しやすい。ポジショニングと価格の整合性を確認

（カ）発売エリア

☐ エリアの優先順位はあるか、その根拠は何かを記述

（キ）コミュニケーション

☐ 基本的なコミュニケーションのポリシー、キーメッセージは何か、
それをどのように伝えるか、トーン＆マナーはどうなるかを明示。
具体的なコミュニケーション媒体を記述

☐ プラン作成時（コミュニケーション前）の認知・選好などの数値を
確認・調査しその数値を、コミュニケーション実施後の認知・選好
などの目標値を記述

☐ コミュニケーションの体制案

☐ コストとおおよそのスケジュールも記述

（ク）販売促進

☐ 具体的な販促ツールのイメージがあれば添付

5. この商品の会社へのメリットとリスク

☐ 製品が売れて儲かるということ以外に、会社全体への貢献、もしくは
リスクがないかどうかを記述

6. 財務シミュレーション

- □ 想定売上・コストから、少なくとも営業利益ベースまではシミュレーションをする
- □ 初期投資とその回収、現金収支も考察
- □ 期間は少なくとも3年は必要

7. スケジュール

- □ 外に見えるアクション（製品発表会・エリアごとの展開開始など）は大きくわかりやすく記述。外に見えるアクションの準備（内部スケジュール）でも重要で共有しておくべきものは記述

マーケティング・プラン策定全般に関して

- □ 初期からこのマーケティング・プランの全体像をイメージして作成環境分析・STP・4Pすべてをざっくりでよいので毎回見渡しながら作成
- □ 技術（特にデジタル）の動向と、その影響は、プランの全体において考慮する
- □ 必ず具体的な顧客をイメージする
- □ わからないことを抽象的な言葉でごまかさない

※上記は社内でマーケティング戦略を議論するためのプランであり、
外部に説明するときには、よりシンプルにバージョンを変えること

付録2 クリエイティブ（広告）を依頼するポイント

コミュニケーション（広告等）では外部専門家に依頼することが多いですが、こちらの意図を正確に伝えなくてはよいアウトプットは出てきません。
その説明の際に使う「クリエイティブ（広告）ブリーフ」のポイントを以下にまとめました。

プロダクト
- 商品に関する基本情報
- 必要であれば背景としての企業概要も

キーとなるインサイト
- 注目すべき顧客インサイト
- 解決すべき課題の特定
  ex. 認知率の低さ、ブランドスイッチが難しい高関与商材

ブランド
- 当該ブランドの市場におけるイメージ
- 競合との比較分析
- クリエーティブに関するトーン&マナー／ルール等

市場
- 市場の成長動向
- 当該ブランドのマーケットシェア
- エリア別の売り上げ傾向

アイディア
- 課題解決の核となるアイディア
- ターゲット顧客に伝えるべきコア・メッセージ
- 顧客がそのメッセージを信じる理由

ターゲット顧客
- ターゲット顧客は誰か？
- 具体的な商品／サービスの利用シーン等

達成したい目標
- 顧客が現状持っているブランドパーセプションをどのように変えていきたいのか？
  その結果として、顧客に何をしてもらいたいのか？
  ex. 競合からのスイッチ？
    試し購買？
    もっとたくさん購入？

プロジェクトの予算とスケジュール
- プロジェクトの想定コスト
- プロジェクトの遂行スケジュール、結果として期待するスケジュール

付録3 参考・推薦図書

1) ロジカルな思考法

『「超」MBA式ロジカル問題解決』　津田久資　PHP研究所

『戦略思考コンプリートブック』　河瀬誠　日本実業出版社

『ロジカル・シンキング』　照屋華子、岡田恵子　東洋経済新報社

2) 直観的な思考法

『右脳思考』　内田和成　東洋経済新報社

『世界のエリートはなぜ「美意識」を鍛えるのか？』　山口周　光文社新書

3) マーケティングを一覧する入門書

『1からのマーケティング 第4版』　石井淳蔵、廣田章光、清水信年 編　碩学舎

『ゼミナール マーケティング入門 第2版』　石井淳蔵、栗木契、嶋口充輝、余田拓郎
日本経済新聞出版社

4) 詳しくマーケティングの全体像を知る

『コトラー＆ケラーのマーケティング・マネジメント 第12版』　P・コトラー、
K・L・ケラー／恩藏直人 監修／月谷真紀 訳　丸善出版

『マネジメント・テキスト マーケティング入門』　小川孔輔　日本経済新聞出版社

『コトラーのマーケティング・コンセプト』　P・コトラー／恩藏直人 監訳／大川修二
訳　東洋経済新報社

5) マーケティングの前提となる経営学の基礎知識を得る

『テキスト経営学 第3版』　井原久光　ミネルヴァ書房

『ゼミナール 経営学入門 第3版』　伊丹敬之、加護野忠男　日本経済新聞出版社

6) サービスマーケティングを知る

『サービス・マーケティング入門』　R・P・フィスク、J・ジョン、S・J・グローブ／
小川孔輔・戸谷圭子 監訳　法政大学出版局

『サービス・ストラテジー』　J・トゥポール／小山順子 監訳／有賀裕子 訳　ファース
トプレス

『サービス・マーケティング原理』　C・ラブロック、L・ライト／小宮路雅博 監訳／
高畑泰・藤井大拙 訳　白桃書房

7）中小企業向けの戦術的マーケティング

『中小企業・小売店「儲け」を生み出す経営法則』　小山政彦　大和出版

8）価格マネジメント

『なぜ高くても買ってしまうのか』　M・J・シルバースタイン、N・フィスク、J・ブットマン／杉田浩章 監訳／ボストン コンサルティング グループ 訳　ダイヤモンド社

『なぜ安くしても売れないのか』　M・J・シルバースタイン、J・ブットマン／杉田浩章 監訳／飯岡美紀 訳　ダイヤモンド社

『価格の心理学』　L・コールドウェル／武田玲子 訳　日本実業出版社

『「値づけ」の思考法』　小川孔輔　日本実業出版社

『良い値決め　悪い値決め』　田中靖浩　日経ビジネス人文庫

9）営業戦略

『通勤大学　実践 MBA 戦略営業』　池上重輔 監修／グローバルタスクフォース　総合法令出版

『BCG 流 戦略営業』　杉田浩章　日経ビジネス人文庫

『この 1 冊ですべてわかる　営業の基本』　横山信弘　日本実業出版社

10）マーケティグリサーチ

『マーケティングリサーチハンドブック』　酒井隆　日本能率協会マネジメントセンター

『マーケティングリサーチとデータ分析の基本』　中野崇　すばる舎

11）グローバル・マーケティング

『1 からのグローバル・マーケティング』　小田部正明、栗木契、太田一樹 編　碩学社

『実践的グローバル・マーケティング』　大石芳裕　ミネルヴァ書房

『経営戦略としての異文化適応力』　宮森千嘉子、宮林隆吉　日本能率協会マネジメントセンター

Ilan Alon, Eugene Jaffe, Christiane Prange, Donata Vianelli, *Global Marketing Contemporary Theory, Practice and Cases* Routledge; 2 edition (October 29, 2016)

12）ブランドマネジメント

『ブランド戦略論』　田中洋　有斐閣

『戦略的ブランド・マネジメント　第 3 版』　K・L・ケラー／恩藏直人 監訳　東急エージェンシー

『ブランド戦略シナリオ』　阿久津聡、石田茂 著　ダイヤモンド社

13) デジタルマーケティング

『1 からのデジタル・マーケティング』　西川英彦、澁谷覚　碩学社

『デジタルマーケティングの実務ガイド』　井上大輔　宣伝会議

『デジタルマーケティングの教科書』　牧田幸裕　東洋経済新報社

14) マーケターの仕事

『プロフェッショナルマーケター』　守口剛・MCEI 東京支部「プロフェッショナルマーケター」出版委員会 編　ダイヤモンド社

15) 市場創造のパラダイム

『日本のブルー・オーシャン戦略』　安部義彦、池上重輔　ファーストプレス

『ブルー・オーシャン・シフト』　W・C・キム、R・モボルニュ／有賀裕子 訳　ダイヤモンド社

16) その他（新しい潮流・マーケティングの個別テーマ等）

『マーケティング戦略は、なぜ実行でつまずくのか』　鈴木隆　碩学舎

『おもてなし幻想』　M・ディクソン、N・トーマン、R・デリシ／神田昌典、リブ・コンサルティング 日本語版監修／安藤貴子 訳　実業之日本社

『ブランディングの科学』　B・シャープ／加藤巧 監訳／前平謙二 訳　朝日新聞出版

『パーミッション・マーケティング』　S・ゴーディン／D・ペパーズ 序文／谷川漣 訳　海と月社

おわりに：マーケティングは実践で磨かれる

　本書は実践テキストという名前の通り，一度読んで終わりではなく手元においNECESSARY必要な時にいつでも、何度でも活用していただくことを意識しています。日々の新たなできごとの渦の中で飲み込まれそうになったときに、マーケティングの全体像の中でその情報・事象・コンセプトをどのように位置づければよいかを本書で確認してみてください。

　マーケティングは毎日の生活の中でもトレーニングが可能です。マーケティング部門に全く関係のない方でも各章の内容を自社、競合、顧客、ニュースで興味を持った対象に適用して考察することでマーケティング的考え方が身についてきます。通勤の電車の中で見かけた広告、ウェブ広告に対して、スパイラル・マーケティングのプロセスを回して評価をしてみてください。この広告はだれを主な対象に、何を狙っているのだろう、それはうまくゆきそうかな……と。1日1つでもよいので、こうしたスパイラルを回して100本ノックをすると3か月くらいで本書の知識が身につき、活用できるようになっているかと思います。

　もちろんマーケティングを担当している方は日々本書のコンセプトを実践されることと思います。各社で、それぞれ独自の方法論や社内の用語を使っていることも少なくないでしょう。自社独自の方法論を持つことは社内コミュニケーションをスムーズにしてくれますが、今後は外部との連携も増えるでしょうし、新たなコンセプトの取捨選択を迫られることも増えてくるでしょう。そうした時には本書をガイドにしていただくと外部との共通言語を作りやすく、新たなコンセプトの評価もしやすくなるのではないかと思います。

　経営とマーケティングを取り巻く環境はこれまでも変化してきましたが、これからはさらに激変する可能性があります。スパイラル・マーケティングの本質は継続的に外部・内部の変化にマーケティング戦略と組織を適応させてゆくことです。インターネットやデジタルのインパクトは今後社会的価値観をさらに変えてゆくでしょう。これまではネット

サービスの多くは無料（フリー）であり、所有から利用への移行（シェア）がトレンドでしたが、そうした認識が変わってゆく可能性もあります。本書ではフリーモデルやシェアモデルなども旧来のテキストにはない考え方として紹介しましたし、さまざまな最新のデジタルマーケティングのツール等も紹介しましたが、その比較的新しい考えやツールも、環境変化の中でアップディトし続ける必要があるでしょう。マーケティングにはサービス・ドミナント・ロジックやカスタマー・ジャーニー等の本書では十分に紹介しきれなかったさまざまな理論やフレームワークがあります。これらを学んでいく際にも、既存の知見をアップディトする際にもスパイラル・マーケティングの考えは役に立つはずです。

　本書は、初学者にも理解してもらいやすいように、早稲田ビジネススクールでマーケティング講義を受ける前の社会人学生（遠山祐基さん、武井大希さん、手塚なぎささん、北村直也さん）と学部生の息子（剣太郎）から草稿段階へのフィードバックをもらいました。ありがとうございます。

池上重輔

索　引

著者紹介（五十音順）:

池上重輔（いけがみ・じゅうすけ）　編著者、第1章、コラム1・2・5・6・7

早稲田大学大学院経営管理研究科教授。一橋大学博士（経営学）。早稲田大学商学部卒。英ケンブリッジ大学経営大学院経営学修士、英シェフィールド大学大学院国際政治経済学修士、英ケント大学大学院国際関係学修士。ボストン・コンサルティング・グループ、ソフトバンク、ニッセイ・キャピタルなどを経て、現職。主な著書に『インバウンド・ビジネス戦略』（監修）日本経済新聞社、『チャイナ・ウェイ』（監訳）英治出版、『シチュエーショナル・ストラテジー』中央経済社、など。

小野香織（おの・かおり）　第10章、第11章、第12章

早稲田大学グローバル・ストラテジック・リーダーシップ研究所招聘研究員、城西国際大学経営情報学部非常勤講師。上智大学外国語学部フランス語学科卒。ESSEC Business School 経営学修士、早稲田大学大学院商学研究科博士後期課程商学専攻研究生在籍。丸紅、ミシュラン、サンゴバン、ESSEC Business School 日本事務所代表を経て、現職。『異文化マネジメントの理論と実践』（寄稿）同文舘出版。

酒井章（さかい・あきら）　コラム3

クリエイティブ・ジャーニー代表。青山学院大学社会情報学部プロジェクト教授。早稲田大学エクステンションセンター　WASEDA NEO プログラム・プロデューサー、公益社団法人日本マーケティング協会客員研究員。中央大学法学部卒。武蔵野美術大学大学院造形構想研究科修士課程造形構想専攻クリエイティブリーダーシップコース通学中。電通を経て、現職。『異文化マネジメントの理論と実践』（寄稿）同文舘出版。

田中大貴（たなか・だいき）　第2章、第3章、第4章、コラム4

Paidy 人事総務コンプライアンス本部長。一橋大学博士（経営学）。INSEAD 経営大学院修士。アムステルダム大学大学院社会学部修士。東京大学教養学部卒。イプソス・ノヴァクション、マッキンゼー・アンド・カンパニー、ヘイコンサルティンググループなどでマーケティング、戦略、組織・人事領域のコンサルティングに従事して、現職。

永野裕子（ながの・ゆうこ）　第1章、第6章、第8章、第9章

早稲田大学ビジネス・ファイナンス研究センター 次席研究員。早稲田大学法学部卒。早稲田大学大学院経営管理修士（MBA）。ボストン・コンサルティング・グループ、ジェネラル・エレクトリック、LVMH、コーチ・ジャパン等を経て、現職。専門は戦略、マーケティング戦略、ブランド戦略、カスタマー・リレーションシップ・マネジメント（CRM）、プロセスイノベーションなど。

宮林隆吉（みやばやし・りゅうきち）　第13章、第14章

電通イノベーション・イニシアティブ　シニア・マーケティング・ディレクター。慶應義塾大学経済学部卒。イエセ経営大学院経営学修士。国内外企業のマーケティング・ブランド戦略に関わったのち、現職にて先端テクノロジーへの投資・事業開発やスタートアップのインキュベーションを行う。ホフステード博士認定ファシリテーター、グロービス経営大学院パートナーファカルティとしても従事。主な実績としては、第70回 広告電通賞優秀賞受賞。査読論文「グローバル経営に国民文化が与える影響力の解析」（日本マーケティング学会 2019年ベストドクトラルペーパー賞）著書に『経営戦略としての異文化適応力』（共著）日本能率協会マネジメントセンター。

八木京子（やぎ・きょうこ）　第5章、第7章

江戸川大学社会学部准教授、東洋大学国際観光学部非常勤講師、早稲田大学グローバル・ストラテジック・リーダーシップ研究所招聘研究員。立命館大学産業社会学部卒。早稲田大学大学院経営管理修士（MBA）。クリエイティブマン、Live Nation Japanにてコンサート・プロモーター、早稲田大学商学学術院総合研究所助手を経て、現職。専門はマーケティング戦略、エンターテインメントビジネスなど。著書に『インバウンド・ビジネス戦略』（共著）日本経済新聞出版社。

マーケティング実践テキスト
基本技術からデジタルマーケティングまで

2020年3月10日　初版第1刷発行

編著者 —— 池上 重輔
　　　　　Ⓒ2020 Jusuke Ikegami
発行者 —— 張 士洛
発行所 —— 日本能率協会マネジメントセンター
〒103-6009 東京都中央区日本橋2-7-1　東京日本橋タワー
TEL 03(6362)4339（編集）／03(6362)4558（販売）
FAX 03(3272)8128（編集）／03(3272)8127（販売）
http://www.jmam.co.jp/

装　　　丁 —— 野田 和浩
本文DTP —— 株式会社森の印刷屋
印　　　刷 —— シナノ書籍印刷株式会社
製　　　本 —— 株式会社新寿堂

本書の内容の一部または全部を無断で複写複製（コピー）することは、法律で認められた場合を除き、著作者および出版者の権利の侵害となりますので、あらかじめ小社あて許諾を求めてください。

ISBN978-4-8207-2775-0 C2034
落丁・乱丁はおとりかえします。
PRINTED IN JAPAN

基本がわかる　実践できる
マーケティングリサーチの手順と使い方
［定性調査編］

石井 栄造 著

A5判212頁

インタビュー調査の際、何に気をつければ効率と精度があがるかを丁寧に解説。実務家の方が使いやすいように、業務オペレーションに従って記述。消費者のホンネを聞き出す定性調査の全体像を把握するための必読の一冊です。

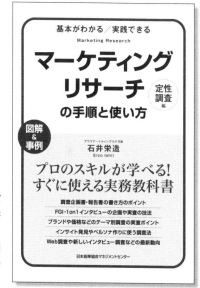

経営戦略としての異文化適応力
ホフステードの6次元モデル実践的活用法

宮森千嘉子・宮林隆吉 著

A5判変型320頁

本書では、職場でコミュニケーション問題を抱えている経営者・管理職の方を対象に、組織心理学・人類学の泰斗、ヘールト・ホフステード博士が考案した「6次元モデル」を用いて、多様な人材間のコミュニケーション対応策を紹介します。

日本能率協会マネジメントセンター